기이하고도 거룩한 은혜

기이하고도 거룩한 은혜

고통과 기억의 위로

프레드릭 비크너 지음
홍종락 · 이문원 옮김

차례

고통과 죽음은 늘고 있고, 준비가 되었든 아니든 당장이라도 덮칠 기세로 그늘에 도사리고 있는 듯하다. 우리 삶에는 기이한 사고, 암, 시간에 따른 꾸준한 쇠퇴가 가득하다. 파괴와 고통의 이야기가 뉴스, TV 프로그램, 영화, 소셜 미디어 사이트 등 도처에서 들린다. 두려움과 죽음이 섹스보다 훨씬 더 잘 먹히는 듯이 보이기 때문이다. 이렇게 비극이 쏟아지는 상황에서 희망은 얄팍한 위로 정도로, 잘해야 머리를 타조처럼 처박을 땅 구멍 정도로 보일 수 있다. 정말인가? 하나님이 정말 거기 계신가? 상황에 대처하려고 우리 자신을 속이고 있는 것은 아닌가?

　내 멘토이자 친구인 데일 브라운의 갑작스러운 죽음은 내게 깊은 상처를 남겼다. 세상에는 여전히 데일 브라운 모양의 구멍이 있다. 데일을 생각하면 보통은 눈물이 핑 돈다. 그리 자주 보지는 못했지만, 데일과 함께 있으면 왠지 세상이 괜찮을 것 같았다. 우리가 미시건주 그랜드래피즈 캘빈칼리지에서 만났을 때, 데일은 현대문학을 강의하고 있었고 나는 수강생이었다. 데일은 내게 프레드릭 비크너를 소개했고 비크너의 초기 저작들이 어떻게 서구문학의 근대기와 탈근대기에 걸쳐 있는지 보여주었다. 우리 문화가 탈근대주의에서 다시 탈기독교로 넘어가고 있으므로, 비크너의 목소리는 그 어느 때보다 적절했다. 비크너는 저서 대부분을 20세기에 썼지만 21세기의 C. S. 루이스 같은 존재였다. 비크너는 믿음이 있는 이들과 믿음을 의심하는 이들 모두 공감할 수 있는 방식으로 진리와 소망과 믿음을 말한다. 게다가 그 진리를 몇 번이고 읽고 싶어지는 이야기 속에서 들려준다.

영화 〈프린세스 브라이드〉에서 공포의 해적 로버츠가 버터컵 공주에게 말한 유명한 대사가 있다.

인생은 고통입니다, 공주마마.
다르게 말하는 사람은 뭔가를 팔아먹으려는 겁니다.

그 말은 사실이며, 우리 기대치를 조정하는 데 도움이 된다. 그러나 인생이 전환점을 맞고 사랑하는 사람이나 우리 자신이 고통을 겪고 죽는 순간, 그 말은 우리 손에 아무것도 남기지 못한다. 비크너가 말한 대로 우리는 너나없이 사랑하는 것과 사랑하는 사람을 전부 잃을 것이다. 그 말 때문에 나는 해마다 비크너의 책을 다시 찾는다. 모든 것을 잃은 다음에 무엇이 오는지 우리는 모른다. 정말 모른다. 참된 소망은 얻기 어렵고, 그 소망을 놓치지 않으려는 분투는 보통 우리가 견뎌낼 수 없다. 그러나 비크너는 말한다. 마음을 가라앉히고 정적과 침묵에 참으로 귀를 기울이기만 하면, 우리는 하나님이 말씀하시는 것을 듣게 되리라. 그 고요 속에서 우리는 기억과 상상력을 사용하여 우리의 이야기들과 세상을 떠난 사랑하는 이들의 삶을 떠올릴 수 있다. 그리고 그때, 처음부터 계속 거기 계셨던 그분을 어렴풋이 볼 수 있다.

비크너 소설의 주인공 고드릭의 명언을 빌면 이렇게 말할 수 있다.

잃은 것은 찾은 것에 비하면 아무것도 아니네.
지금까지 있었던 죽음을 다 더해도
생명 옆에 놓으면 잔 하나 채우기에도 부족할 것일세.

데일 브라운은 이 대사를 즐겨 읊조렸다. 이 말이 나는 지금도 잊히지 않는다. "지금까지 있었던 죽음을 다 더해도 생명 옆에 놓으면 잔 하나 채우기에도 부족할 것일세.…모든 것을 잃었어. 모든 것을 찾았지."

이번에 처음 출간되는 강연 한 편이 들어간 이 새로운 비크너 선집을 통해, 우리가 고통의 문으로 들어가 기억의 치유력을 사용할 때, 하나님이 말씀하시는 것을 듣게 되고 그분의 기이하고도 거룩한 은혜 안에서 위로를 받고 우리 지친 영혼이 쉴 수 있다는 사실을 깨달을 수 있을 것이다.

콜로라도주 골든에서 편집자 케일럽 J. 셀링

1.

고통, 그리고 하나님의 기이하고 거룩한 은혜

고통의 문

오늘 아침 잠에서 깨어 침대에서 나오기 전, 잠깐 방 안을 둘러보았습니다. 다행히 큰 변화는 없었습니다. 그런데 윤기 나는 돌바닥 위에 귀뚜라미가 한 마리 있는 것이 보였습니다. 방에 있을 녀석이 아니었습니다. 귀뚜라미가 있을 곳은 방이 아니지요. 저는 녀석을 보다가 도와주기로 마음먹고 녀석을 놀라게 하거나 다치게 하지 않으려고 최대한 조심스럽게 집어 올려서 햇빛이 비치는 바깥에 내어놓았습니다. 녀석은 귀뚜라미에게 어울리는 곳에서 귀뚜라미가 하는 일을 하러 폴짝폴짝 뛰어 사라졌습니다. 그것이 진짜 중요한 일이라는 생각이 들었습니다. 답답한 방 안에 있던 우리를 겁먹지 않게 살살 들어 올려, 우리가 있어야 할 곳으로 옮겨서, 신선한 공기가 있는 바깥으로 나가게 하는 일. 어떤 면에서는 그것이 바로 이 책 내용이라는 생각이 듭니다. 이 책은 그 방에서 나오는 법이나 그 방에 있을 때 할 일을 다룹니다.

저는 아버지의 음주에 관해 자주 말하지 않습니다. 아버지는 분노를 쏟아내는 술꾼은 아니었습니다. 집기를 부수거나 사람들의 얼굴을 치지는 않았어요. 오히려 아버지에게 음주는 인생 생존법 중 하나였다는 생각이 듭니다. 아버지는 특히 파티에

갈 때면 과음을 했습니다. 파티를 마치고 돌아올 때면 아버지가 다른 사람이 되어 있었던 것만 아스라하게나마 떠오릅니다. 아버지는 뭐랄까 두렵고 슬퍼 보였습니다.

어느 날 저녁, 술을 마시던 아버지가 차를 몰고 어딘가로 가려 했습니다. 어머니는 이렇게 말했어요. "안 돼요. 그러다 죽어요. 사고가 날 거라고요." 어머니는 어찌어찌 차 열쇠를 빼앗아서 제게 건네며 "무슨 일이 있어도 아버지한테 주면 안 된다" 하셨습니다. 저는 잠자리에 든 상태였는데, 손에 차 열쇠를 움켜쥐고 있던 기억이 납니다. 제 방에는 침대가 두 개 있었습니다. 저는 그중 하나에 들어가 겁에 질린 채 머리까지 이불을 뒤집어썼습니다. 아버지가 방에 들어오셔서 다른 침대에 앉으시더니 열쇠를 달라고 했습니다. 저는 어떻게 해야 하는지, 무슨 말을 해야 하는지, 무슨 일이 일어나는 건지, 무슨 생각을 하며 무엇을 해야 하는지 알 수가 없었습니다. 그저 "제발 열쇠를 다오" 하던 아버지의 음성만 어렴풋이 기억납니다. 물론 저는 아무 말도 하지 않았어요. 열쇠를 쥔 손은 베개 밑에 들어가 있었고 머리까지 이불을 뒤집어쓰고 있었습니다. 결국 아버지는 주무시러 가셨고 그것으로 끝이었던 것 같습니다. 하지만 당연히 그 사건은 제게 엄청난 흔적을 남겼습니다. 오늘까지도 기억나니까요. 제 어린 시절의 그늘진 면이라고 말할 수 있습니다.

한번은 이 이야기를 텍사스에서 어느 수련회 참석자들에게 들려주었는데, 나중에 수련회 리더가 제게 다가와 이렇게 말했 **14**

습니다. "살면서 많은 고통을 겪으셨군요." 물론 이것은 누구에게나 할 수 있을 법한 말이었습니다. 그러고 나서 이렇게 말했습니다. "좋은 청지기로 살아오셨네요. 고통의 좋은 청지기로 살아오셨어요." 그 말에 저는 완전히 허를 찔렸습니다. 처음 들어보는 말이었거든요. '청지기'는 제게 늘 지루한 교회 용어였습니다. 청지기 주일 따위의 표현에 쓰이는 단어 말입니다. 돈을 잘 관리하라는 의미로 쓰는 말이지요. 그런데 자기 고통의 청지기가 된다는 것은 참으로 놀라운 발상이었습니다. 그 이후 저는 고통의 청지기에 관해 많이 생각해 보았습니다. 고통의 청지기가 된다는 의미와, 우리 일생에 걸쳐 일어나는 슬프고 곤혹스러운 일들에 대처하는 다양한 방식을 생각했습니다.

▼ ▼ ▼

물론, 고통은 보편적이라는 말을 제일 먼저 해야 하겠습니다. 모든 위대한 예언자, 성인들은 이 사실을 알았던 것 같습니다. 고타마 싯다르타 부처는 깨달음을 얻은 뒤 보리수 아래에서 나와 불교의 사성제▼를 말했습니다. 그중에 첫째가 "모든 삶은 괴로움, 모든 삶은 고통"이라는 것입니다. 사성제 중에 이보다 더 참된 것은 없습니다.

▶ 불교에서 말하는 네 가지 신성한 진리. 존재 자체가 괴로움이라는 고품, 괴로움의 원인은 번뇌의 모임이라는 집集, 괴로움은 멸할 수 있으며 그 상태가 열반이라는 멸滅, 괴로움을 멸하는 여덟 가지 수행의 길을 말하는 도道.

15

부처가 고통에 관해 뭐라고 말했는지 좀 더 말하고 싶지만 그 정도로 자세히 들어가지는 않겠습니다. 간단히 말해, 괴로움은 보편적이라는 것입니다. 고통은 삶의 본질입니다. 모든 삶은 끝이 납니다. 우리는 모두 결국은 죽습니다. 즉 우리가 가진 것, 우리의 존재, 우리가 사랑하는 모든 것을 잃습니다. 예수님이 젊은 사람과 나이 든 사람, 운이 좋은 사람과 나쁜 사람, 흑인과 백인, 가난한 사람과 부유한 사람 들이 사는 세상을 보시고 "수고하고 무거운 짐 진 자들아 다 내게로 오라. 내가 너희를 쉬게 하리라" 하신 말씀도 어느 정도 비슷한 말이라는 생각이 듭니다. 여러분이 누구이든, 운이 좋든 나쁘든, 부유하든 가난하든, 상황이 어찌됐든, 이 세상에서 인간으로 살아간다는 것은 수고하고 무거운 짐을 진다는 말이고, 예수님이 말씀하신 쉼이 무슨 뜻이든지 여러분에게는 쉼이 필요하다는 말입니다.

고통의 보편성. 고통이 가져다주는 남자들의 연대, 여자들의 연대. 우리 모두 고통이 어떤 것인지 압니다. 우리 모두 고통 속에 있습니다. 그리고 고통을 다루는 온갖 방법이 있지요. 그러나 그 방법이 얼마나 많은지 누가 알겠으며, 그 방법들을 잘게 쪼개어 이런 저런 해법이 있다고 말한들 정말 칼로 자르듯이 그렇게 구분이 될까요? 우리는 고통이 발생한 때와 그때 기분에 따라 다양한 방식으로 대처합니다. 하지만 슬픈 일, 나쁘고 처참한 일이 벌어질 때 주로 사용하는 대처 방식은 언급해 볼 만할 것 같습니다.

　　그중에 우리 가족에게서 주로 볼 수 있었고 대부분의 역기
능 가정에서 주로 선택하는 대처 방법은 고통을 그냥 잊는 것입
니다. 고통을 가두어 버리는 것이지요. 제 어머니가 이렇게 했
습니다. 어머니는 남편(제 아버지)의 자살을 겪었을 뿐 아니라
그 이후 두 번의 결혼까지 파경으로 끝났습니다. 제 생각에는
그런 이유로 어머니가 수많은 일에 마음을 닫아버렸습니다. 어
머니가 청각을 잃은 것도 여러 번 결혼에 실패한 것을 두고 사
람들이 수군대며 판단하는 말을 듣고 싶지 않은 마음과 관련이
있으리라는 생각이 늘 듭니다. 어머니는 사람들에게 말할 때 눈
을 감으시는데, 본인이 보고 싶지 않거나 타조처럼 남에게 보이
고 싶지 않아서 그런 부분도 있는 것 같습니다. 어머니는 당신
자신을 고립시키셨습니다. 드물게 어쩌다 한 번씩은 당신의 고
통을 이야기하셨지만 대체로는 고통을 무시하는 방식으로 대
처하셨습니다. 이것은 일종의 생존방식입니다. 물론, 고통에 대
처하는 방식은 모두 고통을 견뎌 내는 방법들이고, 어머니의 방
식이 최악의 선택지는 아닙니다. 그것은 일종의 생존방식이고
어머니는 고통을 기적적으로 견뎌내셨습니다. 어머니는 아주
오래까지 사셨고 여러 면에서 귀중한 사람이었습니다. 함께 있
으면 즐겁고, 고유의 활기가 넘치고, 나이 들어 불편한 상태를
유머러스하게 바라볼 수 있는 놀라운 여유가 있었습니다. 저는
어머니가 하신 멋진 표현을 어디선가 인용한 적이 있습니다. 어
머니는 버몬트 집의 침대에 누워 이렇게 말씀하셨지요. "방금

창문 밖으로 지나간 사람이 누구지?" 제가 대답했습니다. "정원사예요." 그러자 어머니가 말씀하셨습니다. "그럼, 그 사람에게 와서 마지막 여름 장미를 보라고 하려무나." 당신 자신을 마지막 여름 장미라고 부를 수 있다니 얼마나 멋집니까. 그렇게 어머니는 살아남으셨습니다. 인간보다 못한 존재가 되어버릴 온갖 이유가 있었지만 어머니는 인간으로 살아남으셨습니다.

그러나 고통을 틀어막고, 쳐다보지 않는 방식으로 처리하는 데는 대가가 따릅니다. 자신의 일부가 자라지 않는다는 것이지요. 어머니 안에 성장하지 못한 부분이 제대로 성장했다면 타인에게 공감할 수 있는 능력으로 자리 잡았을 것입니다. 어머니는 자신의 고통을 들여다봄으로써 다른 사람들도 고통을 겪고 있다는 사실을 인식하였을 테고, 다른 사람들에게 다가갈 수도 있었을 것입니다. 하지만 어머니는 그렇게 하지 않았습니다. 어머니에게도 친구들이 있었지만, 어머니에게 당신 자신을 희생할 친구가 있었으리라고는 상상도 할 수 없습니다. 어머니의 공감력은 온전히 자라지 못했습니다. 어머니의 가장 인간적인 면모가 될 수 있었을 부분이 아예 생겨나지도 못했습니다. 어머니의 마음을 열어 줄 수 있는 것들을 어머니 스스로 한쪽에 쑤셔 넣어 버렸기 때문입니다.

이것이 한 가지 방법입니다. 나쁜 일이 일어나고 고통스러운 일이 벌어질 때 아무 일도 없던 것처럼 계속 살아감으로써 그 상황을 견디는 것입니다.

또 다른 방법은 자신의 고통에 어떤 식으로든 갇히는 것입니다. 가던 길을 더는 못 가게 되는 것이지요. 어떤 의미에서는 고통에서 결코 헤어나지 못하는 것입니다. 고통을 벗어나 그 너머로 나아가지 못합니다. 그런 사람의 고전적 사례로 찰스 디킨스의 《위대한 유산》에 나오는 미스 하비셤을 꼽을 수 있습니다. 미스 하비셤은 어린 나이에 결혼을 약속하고 결혼 준비를 모두 끝냈습니다. 신부 의상을 준비하고 대형 결혼 케이크도 응접실에 가져다 놓았습니다. 그런데 정혼한 남자친구에게 버림을 받았고, 그것으로 미스 하비셤의 인생은 끝났습니다. 그날부터 미스 하비셤은 혼인예복을 입은 채 응접실에서 지냈습니다. 예복은 낡을 대로 낡아 형체를 알아보기 어려웠고 결혼케이크는 탁자 위에서 그대로 썩어 거미줄이 끼고 쥐가 드나들었습니다. 제가 아는 사람들 중에도 이렇게 자신의 고통에 갇혀버린 사람들이 있습니다. 고통이 그들의 감옥이 됩니다. 귀뚜라미가 갇혔던 방처럼 말입니다. 거기서 빠져나오지 못합니다. 고통을 되새기고, 되새기고, 되새기다 그 씁쓸함을 즐기는 지경에 이릅니다. 고통이 자신을 압도하도록 내버려두는 방식으로, 자신을 그 자리에서 멈추게 하도록 내버려두는 방식으로 대처합니다. 그러나 제 생각에는 이것 역시 고통을 견디는 방법 중 하나입니다. 미스 하비셤의 경우처럼 자신의 파멸 속에서 암울하고 끔찍한 쾌락을 얻기 때문입니다.

19　　《데이비드 코퍼필드》에 나오는, 디킨스의 또 다른 캐릭터가

떠오릅니다(디킨스는 대단한 풍자 작가입니다). 거머지 부인은 폐거티 가족의 친척이고 해변에 있는 뒤집힌 어선에서 살았습니다. 그런 그녀가 가냘픈 목소리로 읊는 대사가 있습니다. "난 외롭고 불쌍한 사람이에요." 거머지 부인은 과부고, 검은 비단손수건을 들고 다니며 끊임없이 눈물을 훔칩니다. 이것은 고통을 다루는 또 다른 방식입니다. 자기 고통이 이제껏 자기에게 일어난 일 중에서 가장 큰일이고 자신의 존재를 정당화해 주기라도 하는 양 구는 것입니다. 거머지 부인이 "외롭고 불쌍한 사람"이라는 사실은 일종의 업적이 됩니다. 부인은 그 사실로 알려지고, 그것으로 인생의 정당성을 확보합니다. 그것으로 자신을 소개합니다. 주위 사람들은 그것이 부인에게는 다른 존재가 되지 않으려는 평계에 가깝다는 느낌이 듭니다. 그러나 슬픔의 정체가 무엇이건 거머지 부인에게는 슬픔이 있고, 그 슬픔이 삶의 핵심이자 필요한 전부입니다.

일전에 지금처럼 강연 기회가 있었는데, 오랜 친구의 딸이 저를 보러 왔습니다. 그 딸은 자신의 끔찍한 결혼생활을 말해 주었습니다. 남편이 조기 치매 진단을 받았다고 했어요. 모든 판단력을 상실했습니다. 며칠씩 모습을 감추기도 했어요. 책을 빌리려고 천 킬로미터나 떨어진 도시의 도서관에 다녀온 거예요. 자기가 며칠간 어디 있었는지 아내에게 말하지 않았습니다. 남편이 부부의 모든 재산을 탕진하고 여러 채권자에게 고소를 당해서 결국은 남편과 같이 살면서도 이혼하는 지경에 이르

렀습니다. 이혼하지 않으면 얼마 안 되는 자기 돈마저 빼앗길 수 있었기 때문입니다. 절망적인 이야기일 뿐이었어요. 빠져나올 길이 전혀 보이지 않았습니다. 그러나 제 친구 딸은 그 이야기를 하면서 계속 웃었습니다. 무시무시하고 서늘하고 소름끼치는 비인간적인 웃음이었습니다. 마치 자기 고통을 농담거리로 삼아서 견뎌 보려는 듯했습니다. "내게 무슨 일이 있었는지, 모든 일이 어떻게 일어났는지 맞춰 보시겠어요?" 그 끔찍한 상황에 대해 진지하게 대화를 나누기가 거의 불가능했습니다. 어떤 면에서 보면 그녀가 대화를 막고 있었기 때문이죠. 섬뜩하고 기분 나쁜 웃음을 도구 삼아서 말입니다. 그녀는 자신의 고통을 농담거리로 만들었어요. 농담 뒤에 고통을 숨겼습니다. 농담은 거기 있었지만, 농담이 다루는 고통은 은폐되어 있었지요. 그녀는 슬며시 날개 아래로 숨기 위해 그런 상황을 허용 또는 조장했습니다.

끝으로, 일전에 제가 생각한 방법이 있습니다. 바로 고통을 경쟁거리로 삼는 것입니다. "당신이 나쁜 일을 겪었다고 생각해요? 그럼 나한테는 무슨 일이 있었는지 말해 볼까요!" 고통이 일종의 업적이 됩니다. "내가 어떻게 살아왔는지 알아? 지옥을 맛봤지. **당신**이 고통을 겪었다고 생각한다면, 내가 맛본 고통을 말해 주지."

▼ ▼ ▼

저는 고통에 대처하는 방법이 수없이 많다고 확신합니다. 이런 때나 저런 때에 우리는 그 모든 방식으로 고통에 대처합니다. 어느 날에는 이런 방식, 다른 날에는 저런 방식으로 말이지요. 몇 년 전만 해도 저는 인생의 여러 슬픔에 주로 잊어버리는 방식으로 대처했습니다. 제가 잊어버리고 있다는 사실도 인식하지 못했습니다. 자신에게 "잊어버릴 테야" 하고 말하지는 않았으니까요. 어린 시절에 망각의 메커니즘이 너무나 강하게 작동한 나머지 그것이 자동 응답으로 자리 잡은 것 같습니다.

그러나 고통에 대처하는 또 다른 방식은 고통의 좋은 청지기가 되는 것입니다.

예수님의 유명한 비유 중 하나인 달란트 비유를 떠올려 봅시다. 그 비유는 이렇게 펼쳐집니다.

또 하늘나라는 이런 사정과 같다. 어떤 사람이 여행을 떠나면서, 자기 종들을 불러서, 자기의 재산을 그들에게 맡겼다. 그는 각 사람의 능력을 따라, 한 사람에게는 다섯 달란트를 주고, 또 한 사람에게는 두 달란트를 주고, 또 다른 한 사람에게는 한 달란트를 주고 떠났다. 다섯 달란트를 받은 사람은 곧 가서, 그것으로 장사를 하여, 다섯 달란트를 더 벌었다. 두 달란트를 받은 사람도 그와 같이 하여, 두 달란트를 더 벌었다. 그러나 한 달란트 받은 사람은 가서, 땅을 파고, 주인의 돈을 숨겼다. 오랜 뒤에, 그 종들의 주인이 돌아와서, 그들과 셈을 하게 되었다. 다섯 달란트를 받은 사람은 다섯 달란트를 더 가지고 와서 말하기를 "주인님, 주인께서 다섯 달란트를 내게 맡기셨는데, 보십시오, 다섯 달란트를 더 벌었습니다" 하였다. 그의 주인이 그에게 말하였다. "잘했다! 착하고 신실한 종아. 네가 적은 일에 신실하였으니, 이제 내가 많은 일을 네게 맡기겠다. 와서, 주인과 함께 기쁨을 누려라." 두 달란트를 받은 사람도 다가와서 "주인님, 주인님께서 두 달란트를 내게 맡기셨는데, 보십시오, 두 달란트를 더 벌었습니다" 하고 말하였다. 그의 주인이 그에게 말하였다. "잘했다, 착하고 신실한 종아! 네가 적은 일에 신실하였으니, 이제 내가 많은 일을 네게 맡기겠다. 와서, 주인과 함께 기쁨을 누려라." 그러나 한 달란트를 받은 사람은 다가와서 말하였다. "주인님, 나는 주인이 굳은 분이시라, 심지 않은 데서 거두시고 뿌리지 않은 데서 모으시는 줄로 알고, 무서워하여 물러가서 그 달란트를 땅에 숨겨 두었습니다. 보십시오, 여기에 그 돈이 있으니 받으십시오." 그러자 그의 주인이 그에게 말하였다. "악하고 게으른 종아, 너는 내가 심지 않은 데서 거두고, 뿌리지 않은 데서 모으는 줄 알았다. 그렇다면 너는 내 돈을 돈놀이 하는 사람에게 맡겼어야 했다. 그랬더라면 내가 와서 내 돈에 이자를 붙여 받았을 것이다. 그에게서 그 한 달란트를 빼앗아서 열 달란트 가진 사람에게 주어라. 가진 사람에게는 더 주어서 넘치게 하고, 갖지 못한 사람에게서는 있는 것마저 빼앗을 것이다. 이 쓸모없는 종을

23

바깥 어두운 데로 내쫓아라. 거기서 슬피 울며 이를 가는 일이 있을 것이다."마 25:14-30, 새번역

예수님의 이 범상치 않은 비유를 보십시오. 이야기가 이렇게 끝날 거라고 누가 예상이나 할 수 있었겠습니까? 여러분이나 제가 우리의 지루한 방식으로 이 비유를 썼다면, 한 달란트 받은 사람에게 상을 주지 않았을까요? 적어도 저라면 그렇게 썼을 것 같습니다. 한 달란트 받은 사람은 자기 달란트로 모험을 하지 않은 분별 있는 사람으로 보입니다. 그러나 이 이야기는 그런 식으로 펼쳐지지 않습니다. 이것은 어둡고 무섭고 매혹적인 이야기입니다.

여러분은 이 비유를 어떻게 읽었는지 모르겠지만, 제가 보기에 달란트는 삶이 우리에게 나눠 준 것을 뜻합니다. 한 사람은 다섯 달란트, 한 사람은 두 달란트, 한 사람은 한 달란트를 받았지요. 달란트는 우리가 태어날 때 받은 패입니다. 어떤 이들은 백인으로, 어떤 이들은 흑인으로 태어납니다. 어떤 이들은 이 나라에서, 어떤 이들은 저 나라에서 태어납니다. 세상이 어떻게 돌아가는지 전혀 모르고 문제투성이에다 끔찍한 일이 일어나는 가정에서 태어나는 이들도 있고, 대체로 평화로운 가정에서 태어나는 이들도 있습니다. 그러니까 세상이 우리에게 카드 몇 장짜리 패를 쥐어 주면, 우리는 그 패를 가지고 카드게임을 해야 합니다. 제 생각에 이것이 달란트 비유의 내용입니다.

24

비유 속 세 사람이 자기가 받은 것을 다루는 방식이 중요합니다. 우리가 먼저 봐야 할 사람은 한 달란트를 받고 그것을 땅에 묻었다가 끔찍한 운명을 맞이한 가엾은 이입니다. 이 사람의 결말이 이 비유에서 가장 놀랍고 무서운 대목이기 때문이지요. 이 사람은 한 달란트를 묻은 이유를 설명하며 주인에게 "무서웠다"고 말합니다. 무서웠답니다. 나는 이 주인이 하나님이라고 생각하는데, 이런 패를 준 인생 자체라고 볼 수도 있을 것 같습니다. "나는 주님이 굳은 분인 걸 알기에 무서웠습니다. 달란트를 잃어버리면 어떡합니까?"

물론 이 사람이 옳았습니다. 하나님은 여러 면에서 엄하신 분입니다. "하늘에 계신 너희 아버지께서 완전하신 것같이, 너희도 완전하여라." 이것은 어려운 규칙입니다. 하늘에 계신 너희 아버지께서 완전하신 것처럼 완전하라니요. 충격적인 율법이 적힌 요한일서도 생각이 납니다. "사랑하지 아니하는 자는 사망에 머물러 있느니라." 어려운 말씀입니다. 다시 말하면, 사랑하지 않는 것은 어떤 의미에서 죽는 것입니다. 한 달란트 받은 사람이 무서워한 것은 당연한 반응이었습니다. 생명 안에는—우리가 아는 하나님의 본성 안에는—무서워할 만한 것이 많습니다. 그분은 우리에게 엄청나게 많은 것을 요구하십니다.

그래서 겁이 나고 무서운 나머지—자기 목숨이 무섭고, 사는 것이 무섭고, 자기 달란트를 사용하는 것이 무섭고, 잘못된 일을 할까봐 무섭고, 자신이 무서워하는 모든 것이 무서워서—

이 사람은 한 달란트를 가져다가 묻어버립니다. 자기가 받은 것을 묻어버립니다. 자기 경험을 묻어버립니다. 그리고 주인은 화를 냅니다.

한 달란트 받은 사람은 의미심장해 보이는 말을 하나 더 합니다. "주인님은 굳은 분이시라 심지 않은 데서 거두시고 뿌리지 않은 데서 모으십니다." 제가 이해한 대로 말해 보면, 하나님은 우리 인생의 밭에 씨를 뿌리지 않으십니다. 그분은 이런저런 일들이 일어나게 하지 않으십니다. 하나님은 체스터의 차가 폴라의 차를 박살내어 폴라의 젊은 남편과 딸이 죽게 하지 않으십니다. 그분은 세상을 그런 식으로 다루지 않으십니다. 우리를 체스판의 말처럼 이리저리 움직이지 않으십니다. 그러나 심지는 않으시지만, 미친 세상이 우리에게 무슨 일을 가하든 그 안에서 어떻게든 우리가 추수하기를 기대하십니다. 우리에게 일어나는 일들은 하나님이 심으신 것이 아닙니다. 그러나 그분은 우리가 창조적이고 구속적이고 생명을 열어 주는 방식으로 대처하기를 원하십니다. 이번에도 한 달란트 받은 사람이 옳았습니다. 하나님은 심지 않은 데서 거두십니다. 뿌리지 않은 데서 모으십니다. 고통을 심지 않으시고 고통이 생기게 하지는 않으시지만, 그분은 우리가 고통 안에서 보물을 거두기를 기대하십니다. 하나님은 우리가 동화 속 소녀처럼 우리에게 일어난 일이라는 지푸라기로 금실을 자아내기 바라십니다.

이어서 주인은 암울한 말을 전합니다. 주인은 한 달란트 받은 사람을 악하고 게으른 종이라고 부릅니다. 게으름은 칠대 죄악 중에서 한 달란트 받은 사람이 지은 죄인 동시에 최악의 죄이기 때문입니다. 게으름이라. 정욕, 분노, 교만 등 다른 죄가 게으름보다 더 나쁘다고 생각할 수 있지만, 한 달란트 받은 사람은 게으름 때문에 정죄를 받습니다. 게으름은 의식 없이 기계적으로 살아가는 것입니다. 제대로 된 삶이 아닙니다. 자신에게 일어나는 일을 제대로 활용하는 삶이 아닙니다. 게으름은 뭔가를 만들어 낼 수도 있었을 것들을 묻어버립니다. 안전함만 도모하게 합니다. 자신의 삶을 묻고, 고통을 묻고, 기쁨을 묻어버립니다. 게으름은 세상이 주는 모든 것을 묻은 후에 제대로 살지 않고 최대한 조심스럽게만 사는 것입니다. 제 생각에 주인이 어두운 데로 내쫓는 일을 말할 때, 그 일이 슬피 울며 이를 가는 것이든 아니든, 주인은 "나는 너를 네가 슬피 울며 이를 갈게 될 어둠 속으로 내쫓음으로써 너를 벌할 것이다"라고 말한다기보다는 "묻어버린 삶을 사는 것은 인생을 제대로 살지 못했다는 것이다"라고 말하는 것입니다. 방 안에 갇힌 귀뚜라미처럼 자기 안에 갇혀 사는 것 그 자체가 슬피 울고 이를 가는 삶입니다. 묻어버린 삶은 외로운 삶, 어두운 삶, 미스 하비셤 같은 삶입니다. 그리고 우리 모두 그 의미를 어느 정도 압니다. 우리 모두에겐 이런 저런 소심함 때문에 살지 않기로 선택하는 부분이 있기 때문입니다.

이어서 주인은 최후 심판의 말을 합니다. "갖지 못한 사람에게서는 있는 것마저 빼앗을 것이다." 우리는 이것이 평화의 왕, 선한 목자의 말씀임을 기억해야 합니다. 갖지 못한 사람에게서는 있는 것마저 빼앗을 것이다. 한 달란트밖에 없는 사람에게서 그 한 달란트를 빼앗아 다른 사람들에게 주는 것은 더없이 불의한 일 같습니다. 그러나 저는 이 부분도 형벌보다는 자신의 인생을 묻어버릴 때 따라오는 불가피한 결과를 뜻한다고 봅니다. 자신의 인생을 묻어버리면—무엇보다도 자신의 고통을 직시하지 않으면—인생은 쪼그라듭니다. 어떻게 보면 줄어듭니다. 어떤 면에서는 빼앗기는 것입니다.

제 어머니처럼 말이지요. 너무나 많은 슬픔을 묻어버려서 어머니의 인생은 쪼그라들었습니다. 어머니에겐 가능성이 있었지만 결코 성장하지 못했습니다. 풍성한 잠재력이 있었지만 그에 걸맞은 사람이 되지 못했습니다. 공감할 줄 알고 외향적이며 진짜 친구들이 있는 사람이 되지 못했습니다. 어머니의 인생은 쪼그라들었습니다. 어머니의 상황을 표현하는 데 이만한 비유는 없는 것 같습니다. 어머니는 전화번호부에서 이름을 뺐고, 듣지 않고, 보지 않고, 집 밖에 거의 나가지 않았습니다. 처음에는 집에서, 그 다음에는 침실에서, 그 다음에는 침실 의자에서, 그리고 결국 침대에서 나오지 않았습니다. 그렇게 서서히 쪼그라들었습니다. **갖지 못한 사람에게서는 있는 것마저 빼앗을 것이다.** 이것은 한 달란트 받은 사람을 벌하는 말씀이 아니라 그 사람에게 "네가 네 인생을 살지 않으면, 네 고통을 거두어들이

28

지 않으면 이런 일이 일어난다. 너의 삶은 매일 줄어들 것이다"
라고 말하는 것입니다.

그리고 물론, 돈을 내어 이익을 거둔 다른 종들이 있습니다.
주인은 그들을 착하고 신실한 종이라고 부릅니다. 그들의 착함
이 곧 그들의 신실함인 것처럼 신실함을 말합니다. 주인이 굳은
사람인데도, 하나님이 완전하여라, 사랑하여라, 자신을 열어 놓
으라, 하며 불가능한 요구나 끔찍한 요구를 하시는데도, 그들은
그분을 굳게 붙들고 모든 일이 결국 잘 될 거라고 믿습니다. 자
신의 인생이 원하는 대로 일이 풀리지 않는다 해도 위험을 감
수할 가치가 있다고 믿습니다. 그들에게는 용서가 있습니다. 공
감이 있습니다. 하나님이 베푸시는 자비가 있습니다. 그래서 그
들은 기회를 과감하게 활용합니다. 인생 혹은 하나님이 나눠 준
패를 들고서 자기가 할 수 있는 일을 합니다.

이것이 다른 두 종이 한 일입니다. 예수님의 이야기에 나오
는 대로, 두 종은 가서 달란트로 장사를 했습니다. 저는 '장사'가
중요한 단어라고 생각합니다. 이들은 받은 것을 가져다가 장사
를 했습니다. 처음 나오는 친구처럼 인생을 파묻는 이들이 아니
었습니다. 인생으로 장사하는 이들이었습니다. 그들은 삶을 주
고 삶을 받는 장사를 했습니다. 장사한다는 말이 무슨 뜻입니
까? 제 생각에 장사는 우리에게 있는 것을 주고, 그 대신에 우리
에게 필요한 것을 받는 일입니다. 자신의 일부를 다른 자아에게
내어 주고, 그 대신에 상대에게서 뭔가를 받는 일입니다.

최근에 저한테 일어난 일이 가장 좋은 예라는 생각이 듭니다. 제 맏딸이 아팠습니다. 거식증拒食症 때문에 거의 죽기 직전이었지요. 알게 된 지 얼마 안 되어 서로 잘 모르던 친구가 제가 처한 어려움을 알게 되었습니다. 그 친구는 노스캐롤라이나주州 샬럿에 사는 목사입니다. 샬럿에서 강연할 일이 있을 때 제가 그리로 간 적이 있었죠. 그런데 어느 날 버몬트주州에 있는 저희 집 전화벨이 울렸습니다. 수화기를 들어보니 그 친구였습니다. 제가 말했지요. "세상에, 루, 목소리 들으니 좋네요. 거기 샬럿은 어때요?" 그 친구가 대답했습니다. "저, 지금 샬럿이 아니라 맨체스터에 있어요." 버몬트주 맨체스터는 저희 집에서 15분 정도 거리입니다. 제가 말했습니다. "무슨 말이에요? 지금 맨체스터에 있다니?" 그러자 이렇게 말하더군요. "네, 지금 힘든 시간을 보내고 있잖아요. 누군가가, 친구라도 하나 당신 곁에 있으면 좋겠다는 생각이 들었어요." 제 머릿속에 이런 생각이 스쳤습니다. '맙소사, 내가 집에 없었을 수도 있는데.' 그 친구가 미리 전화를 해서 "만나러 갈게요" 했다면 당연히 저는 "그런 말도 안 되는 일은 꿈도 꾸지 마시오" 했을 것입니다. 절대 허락하지 않았겠지요. 그 친구는 그 사실을 알았습니다. 그래서 비행기를 타고 1,300킬로미터를 날아와 호텔에 방을 잡은 뒤 제가 집에 있기를 바라며 연락을 했고, 마침 제가 집에 있었습니다. **30**

그 일로 저는 발끝까지 감동했습니다. 물론 그 친구도 감동했지요. 그도 감동했습니다.

그것은 삶을 주고받는 일이었습니다. 친구는 자신의 일부를 제게 주었고 제 자신의 일부를 받았습니다. 우리는 참으로 큰 평화를 느꼈습니다. 거룩한 일들에 대해선 말하지 않았습니다. 종교적인 일들도 말하지 않았습니다. 그다지 말을 많이 하지 않았어요. 숲속에서 함께 파이프 담배를 피웠고 산책을 했습니다. 친구는 이틀을 머물렀지만, 그 일은 복된 사건, 거룩한 사건이었습니다. 그 친구가 자신의 삶으로 즐거이 장사를 했으니까요. 자신의 달란트로 장사한 착하고 신실한 종.

아시겠지만, 기쁨으로 장사하는 일은 자연스럽습니다. "기쁨을 억누를 수가 없었다." 멋진 표현이죠. 저는 기쁨을 억누를 수가 없어서, 그 친구에 관해 뭔가를 말해야 했습니다. 미식축구 경기장에서 어떤 선수가 정말 멋진 런 플레이나 뭐 그런 걸 보여 주면 이렇게 외치게 됩니다. "세상에, 저거 봤어요?" 그리고 옆에 있는 사람의 등을 칩니다. "저 멋진 걸 봐요!" 기쁨은 나눠야 합니다. 기쁨을 나누고 싶은 마음, 그것은 거의 기쁨의 일부입니다.

그러나 고통을 나누는 일, 고통으로 장사하는 일은 그다지 자연스럽지 않습니다. 저는 달란트 비유가 바로 이것을 말한다고 생각합니다. 고통으로 장사하는 일. 앞에서 거론한 여러 방법을 사용하여 고통을 견디려고 하는 대신 고통을 열어 보이는 일.

물론 저는 12단계 프로그램을 생각합니다. 그 프로그램의 참석자들이 하는 일이 바로 이것입니다. 거기서 사람들은 모여서 이렇게 말합니다. "우리는 서로가 없다면, 그리고 더 능력 많은 존재가 없다면 자신의 슬픔과 나쁜 기억을 감당할 수 없습니다. 그 능력 많은 존재가 무엇이든." 그리고 사람들은 방안에 둘러앉습니다. 제가 볼 때 이 프로그램의 마법은 아무도 다른 누구에게 조언하지 않고, 아무도 다른 누구에게 강의하지 않고, 설교도 전혀 없다는 겁니다. 슬픈 시간을 견뎌냈을 뿐 아니라 그 시간을 통해 다소 성장한 자기 경험을 그냥 이야기합니다. 그런 이야기를 듣다 보면 상당 부분 자기 이야기임을 깨닫게 됩니다. 자신의 고통으로 가는 문을 기꺼이 열었기 때문에 기적이 일어납니다. 잡히지 않고 보이지 않는 고요한 치유의 임재, 치유하시는 하나님의 능력의 임재에 **귀를 열고 눈을 여십시오**. 그 능력은 바람이 부는 것처럼 조용히, 자연스럽게 움직입니다.

▾ ▾ ▾

예수님에게 육신의 손이 있어서 붙잡을 수 있으면 좋겠다 싶을 때가 있습니다. 그러나 그런 손은 없습니다. 예수님에게 이제는 육신의 손이 없고, 있다면 여러분과 제 손이 전부입니다. 하지만 가끔은 예수님이 함께하신다는 느낌이 있습니다. 제 딸이 서해안의 병원에서 사실상 죽어가고 있을 때, 저는 하나님이 그지없이 멀어 보일 법한 시간을 보내고 있었습니다. 딸아이는 강제

수용소 수감자처럼 팔다리가 막대기처럼, 사랑스럽고 젊은 얼굴이 해골처럼 야위었습니다. 병원에 도착한 그 밤에 처음 그 아이를 보았을 때 저는 말 그대로 딸을 알아볼 수가 없었습니다. 몸서리나고 무서운 시간이었습니다. 이런 생각이 들 법했지요. "도대체 무슨 일이지? 하나님이 계시다면, 어떻게 이런 일이 일어나지?" 그러나 그 대신에 저는 은혜에 힘입어 압도적인 위로를 받았습니다. 하나님은 침묵하셨습니다. 제가 들을 수 있는 말씀을 전혀 하지 않으셨습니다. 제가 볼 수 있는 일을 전혀 하지 않으셨습니다. 그러나 하나님이 삶이라는 판 자체를 완전히 날려버리지 않으면서 할 수 있는 모든 일을 하고 계시다는 놀라운 느낌이 들었습니다. 셰익스피어가 어떻게든 〈햄릿〉 속으로 들어가 연극의 연극다움을 다 망쳐버리지 않으면서 자기가 할 수 있는 일을 죄다 하는 방식으로 말이지요. 저는 하나님이 격렬하게 자제하면서 숨죽이고 계시다는 느낌이 강하게 들었습니다. 제가 상상하듯이 하나님은 개입해서 상황을 바로잡을 수 있기를 간절히 바라십니다. 하지만 어떻게 삶의 본질을 파괴하지 않은 채 그렇게 하실 수 있겠습니까? 하나님이 개입하시고 상황을 바로잡기 시작하시면 우리는 어떻게 될까요? 우리는 인간이 아니게 됩니다. 더는 자유로울 수 없습니다. 더는 받은 달란트로 이 일을 하거나 저 일을 할 수 있는 존재가 아니게 됩니다. 체스판의 말이 되는 겁니다. 그러나 저는 하나님의 침묵 속에서 격렬한 자제를 느꼈습니다. 그분의 침묵은 고요했지만 무언의 웅변으로 가득했습니다.

　제가 말했듯이, 하나님은 제가 들을 수 있는 말씀을 전혀 하지 않으셨습니다. 제가 볼 수 있는 일을 전혀 하지 않으셨습니다. 그러나 제가 시애틀의 호텔에 머물면서 아픈 딸을 날마다 만나러 가던 그 기간에 두 가지 일이 있었습니다. 첫째, 난데없이 두 사람이 나타났습니다. 빌 웰치와 폴 비먼, 이들의 이름을 칭송할지라. 알고 보니 두 사람은 목사였고 저희 가정에 일어난 일을 소문으로 듣고 불쑥 찾아온 것이었습니다. 꿈처럼 말이지요. 두 사람은 숨이 막힐 것 같은 훌륭한 말씀을 전하거나 꽤 착한 사람들에게 나쁜 일이 생기는 이유를 진부하게 설명하지 않았습니다. 그저 그 자리에 있어 주었습니다. 우리를 데리고 나가 점심을 사 주었고 시애틀 성당에 관해 말해 주었습니다. 저는 아내와 그 성당에서 열린 훌륭한 저녁예배에 참석했습니다. 두 사람은 우리에게 생명을 주었고, 우리 목숨을 구해 주었으며, 하나님이 보내신 사람들이 아닌가 싶습니다. 하나님이 그 둘을 직접 그리로 옮기셨다는 뜻이 아닙니다. 세상의 신비로운 공기 가운데 있는 무엇인가에 실려 그 두 사람이 그곳에 왔다는 뜻입니다. 공기는 세상의 모든 것이 그렇듯 하나님의 입에서 나오니까요.

　그 다음 일은 제가 답을 얻고자 성경을 옛날식으로 점치듯이 펼쳤을 때 일어났습니다. 당시 저는 너무 절박했던 터라 "왜 안 돼?" 하는 생각이 들었습니다. 그래서 성경을 그냥 펼쳤습니다. 물론 그렇게 성경을 펼치면 대개 성경 가운데에 있는 시편

34

이 나옵니다. 그러나 그때 펼친 시편은 제가 그전에 한 번도 읽어 보지 않은 시편이었습니다. 전에 읽었다 해도, 어쨌든 제대로 읽지 않은 시편이었습니다. 바로 시편 131편이었습니다.

여호와여 내 마음이 교만하지 아니하고
내 눈이 오만하지 아니하오며
내가 큰일과 감당하지 못할 놀라운 일을 하려고
힘쓰지 아니하나이다.
실로 내가 내 영혼으로 고요하고 평온하게 하기를
젖 뗀 아이가 그의 어머니 품에 있음 같게 하였나니
내 영혼이 젖 뗀 아이와 같도다.
이스라엘아 지금부터 영원까지
여호와를 바랄지어다. 개역개정

이것은 시편 전체에서 제게 필요한 시였습니다. 제 눈은 오만하지 않았고 제 마음은 교만하지 않았습니다. 제 아이를 보면서 어떻게 버티나 한 것 말고는 아무것도 힘쓰지 않았습니다. 하지만 여기에서 남성이 아니라 여성으로 표현되는 하나님을 보면서 저는 어머니 품에 있는 아이처럼 평온해질 수 있었습니다. 시편 131편은 제게 부적, 마법의 부적이 되어 그 힘든 시기를 버티도록 도와주었습니다.

35   저는 지금 착하고 신실한 종들이 자기들 달란트로 장사한

것처럼 자기 고통으로 장사하는 일의 의미를 말하고 있습니다. 제가 앞의 두 사람에게서 받은 도움, 그리고 하나님에게서 받은 도움은 저한데 도움이 절실하다는 것을 알았기 때문에 받을 수 있던 도움이었습니다. 그것이 거래에서 제가 감당할 몫이었습니다. "도와주세요!" 제가 그렇게 말했을 때 그들은 이렇게 대답했습니다. "좋습니다. 여기 도움이 있습니다."

삶의 얕은 곳을 나누는 일은 다들 잘합니다. 거기에서 그치지 않고 삶의 깊은 곳을 말하는 일은 어렵습니다. 깊은 곳은 무섭습니다. 과거의 깊은 곳으로 내려가는 것, 비밀의 깊은 곳으로 내려가는 것, 고통의 깊은 곳으로 내려가는 것은 두려운 일입니다. 정신분석을 경험해 본 사람이라면 누구나 공감할 것입니다.

깊은 곳에서 진주를 찾으리라고 절대 확신할 수 없습니다. 깊은 곳에는 괴물들이 있습니다. 그러나 그곳에서 분명히 찾을 수 있는 것은 자신과 서로입니다. 하나님은 높은 곳뿐 아니라 깊은 곳에도 계시는 것 같습니다. 그것이 그분이 지옥에 내려가셨다는 말, 즉 "십자가에 못 박혀 죽으시고 장사되었다가 지옥으로 내려가셨다"의 부분적 의미일 것입니다. 그리스도는 지옥에도 계십니다. 그래서 우리가 지옥에 있을 때 (우리가 지옥에 있음을 인식한다면) 거기서도 그리스도를 발견하게 될 것입니다.

▼ ▼ ▼

자신의 고통으로 장사하는 것. 고통은 보물입니다. 고통은 공포입니다. 고통 속에서 우리는 십자가에 달리신 그리스도처럼 "나의 하나님, 나의 하나님, 어찌하여 나를 버리셨나이까?" 외치고 싶은 마음이 듭니다. 고통은 소중해 보이는 모든 것의 부정입니다. 그러나 고통은 보물이기도 합니다. 제게 너무나 중요해 보이는 사실은, 우리가 안전감이 있는 곳에 모일 수 있다는 것입니다. 그리고 우리가 모여서 서로에게 주어야 하는 가장 귀한 것을 주고자 할 때, 우리는 이런 저런 의미에서 서로 사랑하기 때문에 서로에게 거듭거듭 우리의 고통을 내어 줍니다. 제가 여러분에게 말해 주어야 할 가장 귀한 것은 슬픔입니다. 고통에 대해 말할 필요는 없지만, 우리는 자신의 고통을 외면하지 말고 살아야 합니다. 자신의 깊은 곳을 말하십시오. 자신의 진짜 모습을 말하십시오. 누군가 "안녕하세요?"라고 묻거든 "괜찮아요"라고 말하지 마십시오. 그냥 이렇게 말하세요. "그게, 별로 안 좋습니다. 당신은 어떠신가요?" 그런 다음 대화가 흘러가게 두십시오. 고통**에 관해** 이야기를 나누지 말고, 고통**에서 우러난** 이야기를 나누세요. 그러니까, 말 그대로 그 자리에서 말하는 겁니다.

차 열쇠를 쥔 손을 베개 아래 넣고 이불을 머리 위로 뒤집어썼던 어린 소년이 떠오릅니다. 제가 이불을 걷고 아버지에게

"무서워요. 무서워요." 하고 말할 수 있었다면 좋았을 겁니다. 그랬다면 아버지는 "나도 무섭단다" 하실 수 있었을지 모릅니다. 그러면 그날이 달라졌을지도 모릅니다. 자신의 고통에서 우러난 말을 하고 고통을 인정하며 살아가는 일의 중요성, 고통이 보물이 되는 일의 비범한 중요성…제 생각에는 바로 이것 때문에 착하고 신실한 두 종이 상을 받았습니다. 그들이 무언가를 똑바로 해서 하나님이 상을 내리신 것이 아닙니다. 그들은 자신의 삶으로 장사하면서 참으로 자신의 삶을 살아서 상을 받았습니다. 그리고 주인이 말했듯이 그들의 궁극적 상은 '주인의 기쁨에 들어가는 것'입니다.

기쁨이 고통의 끝입니다. 고통의 문을 통해 우리는 기쁨으로 들어갑니다.

시간 이후

어느 늦가을 토요일, 동생과 나는 동틀 무렵 눈을 떴다. 나는 열 살이었고, 동생은 여덟 살이 채 되지 않았다. 그날 우리에게 쏟아지던 햇살처럼 들떠서 일단 잠이 깨자 도무지 다시 잠이 오지 않았다. 그날 부모님은 우리를 풋볼 경기장에 데려가기로 하셨고, 우리는 경기보다도 부모님과 함께 어디를 간다는 사실에 기분이 한껏 부풀었다. 비크너 할머니도 함께 가시려고 전날 도착하셔서 다른 방에서 주무시고 있었다. 부모님도 아직 일어나지 않은 듯했고, 일하는 흑인 부부가 사는 아래층 부엌 옆방도 조용했다. 잠자리에서 일어나기에는 아직 너무 일렀기에 마치 크리스마스 아침에 선물을 풀어 보고 싶어 너무나 일찍 일어나듯이, 우리는 나머지 식구들이 일어나서 새롭고도 가장 기대되는 하루라는 이 선물을 풀어 볼 준비가 될 때까지 즐겁게 기다리기로 했다. 우리에겐 장난감 룰렛이 있었다. 반짝거리는 흑색 크롬 축 손잡이는 살짝만 건드려도 회전 바퀴가 돌아가면서 조그만 공이 타닥거리며 테두리를 따라 돌다가 속도가 느려지면 구멍으로 쏙 들어가 버리고 룰렛은 멈출 때까지 혼자 조용히 돌아가곤 했다.

41 숫자와 색깔이 표시된 펠트천이랑 빨강, 하양, 파랑 포커 칩

상자도 있었다. 우리는 그걸 몽땅 침대 머리맡에 늘어놓고 노느라 정신없었다. 그때, 그날 하루가 시작되자마자 일어날 엄청난 일들에 비하면 아무것도 아니라고 할 만한, 아주 평범한 일이 일어났다. 방문이 살짝 열리고 누가 우리를 들여다보았다. 아버지였다. 나중에 동생이랑 이 일에 대한 기억을 더듬어 보려고 했지만, 그 이상은 아무것도 생각이 나지 않았다.

아버지가 무슨 말을 했거나 아니면 우리가 뭔가 말했을지도 모르지만 동생이나 나나 아무것도 떠오르지 않았다. 우리가 아버지를 의식하기는 했지만, 옷을 차려 입었을 수도 있었고, 아직 잠옷 차림이었을 수도 있었다. 무엇을 입었건 무슨 말을 했건, 아버지를 다시 쳐다볼 정도로 특이한 점은 전혀 없었다. 그날 아침, 그냥 화장실이나 다른 곳을 가려고 지나가다가 잠깐 들여다보려 했다는 것 말고는 토요일 아침 그렇게 이른 시각에 방문을 연 다른 이유를 생각해 낼 수 없었다. 얼마나 오래 우리를 보고 서 계셨는지도 모르겠다. 몇 초? 몇 분? 미소를 지으셨나? 찡그리셨나? 손을 흔드셨나? 나는 아무것도 모른다. 얼마 후에 아버지가 문을 닫고 사라지셨고, 우리가 룰렛 놀이를 다시 시작했다는 것만 기억난다. 아버지가 우리한테 그만하라고 말하거나, 그만하게 하거나, 그만하기를 바라는 것으로 보이지 않았기 때문에 우리는 놀이를 계속 했다. 타닥타닥 탁. 지금은 이 숫자, 다음엔 저 숫자. 스핀 한 번에 우린 크로이소스°Croesus처럼 부자도 되고, 순식간에 알거지도 되었다.

아버지가 문을 닫은 순간부터 우리가 그 문을 연 순간까지 얼마나 시간이 흘렀는지는 알 수 없다. 그러나 아주 짧은 시간이지만 그 시간은 어떤 면에서 그때까지의 나와 다른 모든 사람의 어린 시절 전체를 대표한다고 할 수 있다. 막연한 기다림이던 어린 시절, 우리는 시간이 무엇인지도 모른 채 마치 꿈을 꾸듯 일의 순서와 결과, 시간의 경과를 전혀 인식하지 못하고 살았다. 그리고 그 문을 열던 순간은 내 어린 시절의 마지막이기도 했다. 문을 다시 여는 순간 나는 이제 흘러가는 시간의 문을 연 것이기 때문이다. 찰칵하고 빗장 손잡이를 돌리는 소리는 모든 것을 이전과 이후로 나누는 시계의 첫 재깍거림이었다. 바로 그 순간, 내게는 시간 이전의 때once-below-a-time는 끝나고, 시간 이후의 때once-upon-a-time가 시작되었다. 그 순간부터 지금까지 나는 말을 타듯 시간을 타고 달려왔고, 이제는 분명히 알고 있다. 내 여정과 시간이 언젠가 끝나고 그와 더불어 현재와 미래의 내 모든 존재가 종말을 고할 날이 오리라는 것을. 그 시간까지 집은 고요했다. 그리고 곧 아래층에서 고함지르는 소리가 닫힌 문 사이로 흐릿하게 들렸다. 흑인 남자 하인의 외침이었다. 그 목소리에는 내가 여태껏 들어보지 못한, 달콤하면서도 허허로운 무언가가 담겨 있었다. 문을 열었다.

위아래층 문이 죄다 열렸다. 할머니가 위협적이면서도 무시

무시한 모습으로 복도에 나타나셨다. 잠옷이 하얀 돛처럼 빳빳하게 펄럭였고 머리는 허리 뒤로 늘어져 있었다. 푸르스름한 실안개 같은 것이 가득했는데, 쓴 냄새가 나고 답답했다. 무엇에 흥분했는지 나선형 계단 꼭대기의 기둥을 잡고 빙글 한 바퀴 돌던 기억이 난다. "끔찍한 일이 일어났어!" 할머니가 말씀하셨다. 우리더러 다시 방에 들어가라고 하셨다. 우리는 방으로 돌아와 창밖을 내다보았다.

아래에 자갈 깔린 진입로에 이어서 문이 활짝 열린 차고가 보였다. 차고에는 방금 전 본 푸르스름한 실안개가 가득 차서 청명한 가을날 속으로 퍼져 나오고 있었다. 동생과 내가 우리 집 이층보다 훨씬 더 높은 곳에서 내려다보고 있는 느낌이었다. 아버지는 회색 바지와 밤색 스웨터 차림으로 차고 앞길에 엎드려 있었다. 어머니와 할머니가 아버지 곁에 있었는데, 다 잠옷 차림에 맨발이었고 머리는 부스스했다. 둘이서 아버지의 다리를 한 쪽씩 들고 마치 펌프질하듯이 위아래로 부지런히 올렸다 내렸다 했지만 아무 효과가 없어 보였다. 길 위쪽으로 이웃이 몇 명 모였고, 동생과 나도 어느 틈엔가 거기에 서 있었다. 어떻게 거기까지 갔는지, 얼마나 더 다가가야 할지 우리는 알지 못했다.

아무도 말이 없었다. 차 한 대가 질주해 오더니 자갈을 퉁기며 급하게 섰다. 의사가 내렸다. 의사는 중절모와 안경을 쓰고 있었다. 왕진가방을 들고 아버지 쪽으로 달려갔다. 그리고 무릎 **44**

을 꿇었다. 우리를 깨운 흑인 아저씨가 어딘가에 쪼그리고 앉아서 두 손에 얼굴을 묻고 있던 게 생각난다. 우리가 키우던 닥스훈트가 꼬리를 흔들던 것도 생각난다. 잠시 후 의사는 자갈 밟는 소리를 내며 진입로로 돌아왔다. 이웃과 의사 사이에 무언無言의 질문과 답변이 오갔다. 의사가 간신히 고개를 저었다. 며칠 후에 쪽지가 발견되었다. 아버지는 1936년판《바람과 함께 사라지다Gone With the Wind》마지막 페이지에 어머니에게 연필로 이런 글을 남겨 놓았다.

  당신, 너무 좋아하고 사랑하오. 그런데 난 글러 먹었어…
  프레디에게 내 시계를, 제이미에게 진주핀을 전해 주오.
  당신에게는 내 모든 사랑을 남기고 가오.

▼ ▼ ▼

우린 때로 너무 쉽게 말한다. 하나님이 우리의 인생을 통해 말씀하신다고. **무언가**가 어쨌든 말하기는 한다. 무언가가 우리 인생의 알파벳을 통해 일종의 경건하거나 타락한 의미를 자세히 설명할 수도 있다. 그러나 보통 우리는 수많은 세월이 흐르고 한층 설명이 더해지고 나서야 그 의미를 조금이라도 어렴풋하게나마 이해하거나 조금이라도 생각하기 시작한다. 그때조차 밤의 끝자락의 새벽 기운처럼 그 의미는 우리에게 아스라이 보일 뿐이며, 한번 결정되면 끝날 수 있는 의미가 아니다. 그것은

늘 사람의 모습과 같아서 우리 자신이 살아서 변하듯이 그 의미
역시 살아서 변하기 때문이다.

아이는 인생을 있는 그대로 받아들인다. 달리 받아들일 방
법이 없기 때문이다. 세상은 그 토요일 아침에 끝났다. 그렇지
만 우리가 다른 곳으로 이사할 때마다, 나는 세상 하나가 끝나
고 다른 세상이 그 세상을 대신하는 것을 보았다. 마크 트웨인
은 사랑하는 사람이 죽는 것은 화재로 집을 잃는 것과 같다고
말했다. 수년이 지나도 그 상실을 완전히 깨닫지 못한다는 말이
다. 나는 다른 이들보다 더 오랜 세월이 걸렸고, 지금도 완전히
깨달았다고는 확신할 수 없다. 그동안 상실이 내 속에 어찌나
깊이 파묻혔는지 시간이 얼마쯤 지나자 나는 상실에 관해 말하
는 것은 고사하고 상실을 꺼내어 들여다보는 일도 거의 하지 않
게 되었다. 누군가 아버지가 어떻게 돌아가셨느냐고 물으면, 대
개는 심장질환heart trouble이라고 대답했다. 그 답에는 일말의 진
실이 담겨 있는지도 모른다. 아버지에게는 마음heart이 있었다.
그 마음에 문제trouble가 있었다. 내가 기억하기로는 돌아가실 무
렵 아버지 웃음소리는 금이 간 종소리처럼 울렸다. 아버지는 방
문을 열고 어떤 식으로든 우리가 이해할 수 있는 방식으로 작별
인사를 하지 않으셨다는 것은 기억했다. 아버지가 읽던 책 마지
막 페이지에 무어라고 써 놓았는지는 기억했다.

그러고 나서 은혜 덕분에, 아니면 운이 좋아서, 나는 그 일
을 거의 완전히 잊어버렸다. 그래서 일 년쯤 지난 어느 날, 동생

이 자기 방에서 혼자 울고 있는 것을 보았을 때 나는 어찌할 바를 몰랐다. 왜 울고 있는 것일까? 우는 이유를 말하라고 재촉하자 동생은 구체적인 언급은 피했지만 오래 전 일어난 어떤 일 때문이라고 말했다. 마침내 동생 말을 알아듣고 나자, 나로서는 한참 전에 아물었다고 생각한 상처가 동생에게는 아직도 해결되지 않았다는 사실에 무척 놀랐다. 그 놀라움과 함께 죄책감도 그림자를 드리웠다. 그 가책은 나는 동생처럼 눈물을 흘리지 않았다는 것뿐 아니라, 동생 못지않게, 또 내가 아는 것 이상으로 내게도 그 상실이 크지 않나 하는 것이었다. 분명 말도 안 되는 대가를 치르기는 했지만, 나한테는 일종의 짜릿하면서도 비극적이지만 꽤 눈에 띄는 작은 이득이 있었다. 아버지 생전에도 나는 법적 상속인, 즉 황태자였다. 이제 나는 왕일 뿐 아니라 아버지가 돌아가시지 않았다면 꿈에서나 갈 만한 곳의 왕이었다. 아버지가 돌아가신 직후에 우리가 이사 온 집, 동생이 서럽게 울던 그 집, 훈제 연어색을 띠고 하늘빛과 군청색 항구를 내려다보고 있는 그 집은 오즈의 나라였다!

▾　▾　▾

내가 가 보았던 어떤 곳도 (아무리 외진 곳이어도, 아무리 이국풍이고 매력적이어도) 내가 처음 보았던 버뮤다군도만큼 매력적인 곳이 없었다. 당시에는 자동차가 없어서 자동차 엔진소리와 배기가스 따위도 전혀 존재하지 않았다. 지금 우리가 사는 세상에

는 자동차 엔진소리와 배기가스가 너무나 큰 부분을 차지하고
있어서 그러한 것이 없는 세상이나 삶을 상상할 수도 없다. 그
러한 것들이 없었기에 세상은 더 고요하고 웅장했으며, 멀리 보
이는 풍경은 더 푸르고 더 훌륭했다. 당시 버뮤다에는 말과 마
차, 자전거와 협궤열차뿐이었다. 마차는 빅토리아풍으로 대개
는 유모차 지붕 같은 덮개가 있어서 비가 오면 내려 씌울 수 있
었다. 자전거는 벨과 바구니가 달린 날씬한 영국제 자전거였다.
투너빌 트롤리Toonerville Trolley 협궤열차는 좌석이 고리버들로 만
든 팔걸이의자였다. 열차는 덜컹거리며 파파야와 바나나 야자
나무 사이를, 그리고 낚싯바늘 모양 섬 한편 끝과 다른 편 끝을
가로지르는 높다란 다리 위를 바람에 흔들거리며 소년의 달음
박질 정도의 속도로 달려갔다. 백합 들판, 협죽도夾竹桃 울타리가
있었고, 히비스커스 울타리, 시계풀, 밤나팔꽃, 작고 흰 삼나무
들이 지천으로 자라고 있었다. 그 향기는 말과 바다 냄새, 그리
고 저녁이 선선해지면 버뮤다 사람들이 태우던 희미한 등유 냄
새와 함께 우리가 호흡하는 공기를 황홀하게 만들었다.

집들은 하늘색과 장미색, 레몬색과 연보라색과 파스텔풍 연
녹색이었으며, 죄다 눈부시게 하얀 지붕이 층층대로 덧대어져
빗물을 받도록 되어 있었다. 빗물이 버뮤다에서 구할 수 있는
유일한 담수였기 때문이다. 빗물을 식수로 썼다. 목욕물로도 썼
다. 항구 건너편에서 우리 집 쪽으로 느리고 어두운 커튼처럼
비가 다가오면 부드러운 빗소리가 들렸다. 비는 난데없이 퍼붓

다가 갑자기 멈추기 일쑤여서, 구멍 송송한 산호 길은 몇 분이면 축축한 백묵 냄새가 났다. 연한 핑크빛 산호 해변은 얕은 바다에서는 황갈색이 되었고, 다시 멕시코만류로 들어가면서 서서히 녹색과 자주색과 깊은 바다의 쪽빛으로 바뀌었다. 우리 집 테라스에서 먼 바다에는 엔젤 피쉬, 퉁방울눈 스퀴럴 피쉬, 호박벌처럼 노랑 검정 줄무늬인 서전트 메이저 피쉬가 있었다. 드래곤이라는 작고 낡은 나룻배는 6펜스만 내면, 자전거를 가득 실어서 고물이 거의 바닷물에 잠긴 채 건너편 해밀턴까지 통통거리며 우리를 실어다 주었다. 거대한 모나크호와 퀸호는 새벽 해협에 격주로 유령처럼 조용히 미끄러져 들어와서는 목이 쉰 듯한 뱃고동을 울리며 배를 부두에 댔다. 선창에는 황갈색 수염에 어깨까지 머리카락을 기른 기인奇人이 있었다. 그 사람은 언제나 먼 곳을 응시하는 듯한 시선으로 세관을 서성였고, 배가 들어오면 트랩 근처에 서서, 내리는 승객을 한 사람씩 유심히 바라보았다. 그 사람이 자기를 버리고 떠난 여인을 찾는 것이라고 말하는 사람도 있었고, 혹은 잃어버린 친구, 아니면 자식을 찾는 것이라고 말하는 사람도 있었다. 그러나 그 사람은 결코 입을 열지 않았으며 이름조차 말한 적이 없다. 그래서 사람들은 그 사람을 예수라고 불렀다. 머리카락과 수염이 길었기 때문이기도 했고, 지나치는 얼굴을 차례로 찬찬히 바라보는 눈길 때문이기도 했다. 해변에는 꼬리가 긴 버뮤다 갈매기들이 날아다녔다.

비크너 할머니는 우리가 이사하는 것을 반대하셨고, 그럴 이유도 있었다. 우리가 이사하는 건 아버지를 생전에 짓누르던 것과 같은 무절제라고 말씀하셨다. 이 섬은 애도 기간에 가기에는 경박한 곳이었다. 사내아이들을 키울 만한 곳이 아니었다. 도피였다. 할머니는 "버티면서 현실을 직시해야지" 하고 어머니에게 편지하셨다. 15년 전에 돌아가신 헤르만 샤르만 할아버지가 살아 계셨다면, 쉽스헤드베이에 있는 부자 동네에서 시가를 빠끔거리면서 할머니에게 끄덕이셨겠지만, 할아버지는 당신이 피던 시가처럼 오래 전에 재가 되셨다. 현실은 마치 나쁜 날씨와 같아서 피한답시고 일을 미룰 수도 없고 오즈에서 피난처를 찾을 수도 없는 것이었다. 현실이라는 것은 우스갯소리에 나오는 할머니처럼, 그 광경을 보면 눈이 멀게 된다는 걸 알면서도 손가락 사이로 훔쳐볼 수밖에 없는 것이다.

물론 할머니 말씀은 지당했다. 수백 가지 면에서 이치에 맞았지만 또 그만큼 다른 면에서는 맞지 않았다. 현실은 잔인할 수 있고, 현실에 눈감아 버리면 위험하다는 할머니 말씀은 맞았다. 왜냐하면 온통 어두운 힘으로 무장한 적과 정면으로 맞붙지 않는다면 어느 어두운 날 갑자기 뒤로 다가와서 우리를 파멸시킬 것이기 때문이다. 우리가 할머니처럼 그대로 집에 머물러 거기에서 아버지 때문에 울었다면, 아마 현실에 더 강해졌을지도 모르겠다. 할머니는 분명 더 강해지셨다. 창가 의자에 앉아서 당신의 운명을 줄곧 노려보시다가 마침내 운명의 위협에서 벗어나 자유롭게 되셨으니 말이다. 심지어 온전한 환희의 모습은 **50**

마치 〈신들의 황혼*Götterdämmerung*〉에서 불길에 휩싸인 발할라의 질풍노도*sturm und drang* 같은 오케스트라 연주 이후 이어지는 부드럽고 서정적인 종결부와도 같았다. 우리가 그 집에 있었다면 어떻게 되었을지는 누가 알까? 그러나 할머니가 틀린 것도 있었다. 할머니는 "좋으신 하나님*Le bon Dieu*"이라고 말하면서 반은 얄궂고 반은 동경 어린 희미한 미소를 지으셨다. 설령 그 미소가 '좋으신 하나님' 자체를 부인하지는 않았지만, 내 생각에 그 미소가 실로 부인한 건 세상만사의 저 밑에 있는 잔혹한 결함의 틈새를 뚫고 이따금씩 현실의 더 깊은 기층에서 일종의 기이한, 거룩한 은혜가 샘솟을 가능성 같은 것이었다.

▼ ▼ ▼

"여기서 버티면서 현실을 직시해야지" 하고 할머니는 편지하셨고, 우리가 그곳에서 계속 버티며 순수 샤를만 가문의 인내, 의지, 용기를 통해 할머니처럼 강해져서 삶을 제자리로 돌려놓아야 한다는 권면은 인간적인 관점에서 볼 때 당신이 하실 수 있는 가장 건전한 조언이었을 것이다.

그러나 망가진 삶의 회복에 관한 한, 종교적 용어로 말하자면, 영혼 구원에 관한 한, 인간의 최선은 거룩하신 분의 최선과 상충하는 경향이 있다. 세상의 잔혹함과 최악의 상황에서 살아남기 위해 이를 악물고 주먹을 불끈 쥐며 최선을 다해 스스로 뭔가 해 보려는 바로 그 행동 때문에 더 놀라운 역사가 우리를 위해, 우리 안에서 일어나지 못한다. 현실의 가혹함에 맞서 스스로 모질게 무장할 때의 문제는, 삶이 파괴당하지 않도록 지켜 주는 그 강철 같은 무장 때문에 생명의 근원인 거룩한 능력이 마음을 열어 변화되게 하는 것까지도 가로막힌다는 점이다. 누구나 혼자서 견뎌낼 수 있다. 혼자서 강해질 수 있다. 혼자서 승리까지도 할 수 있다. 그러나 아무도 혼자서 인간답게 될 수는 없다. 그렇기 때문에 예수님의 슬픈 비유처럼 부자가 천국에 들어가기는 낙타가 바늘귀를 빠져나가기 만큼이나 어려운 것이다. 부자는 주머니에 들어 있는 신용카드로 자신을 위해 뭐든지 다 살 수 있기 때문에 정작 이 세상에서 자기에게 가장 필요한 것은 선물로 받을 수밖에 없다는 걸 이해하지 못한다. 설령 '좋으신 하나님'이 도움의 손길을 내미신다고 해도 주먹을 꼭 쥔 손으로는 결코 받아들일 수 없다는 걸 이해하지 못한다.

어머니가 우리를 하필 버뮤다로 잠시 데려간 이유는 할머니 말씀처럼 잠시나마 현실로부터 떠나고 싶다는 것 말고는 더 깊은 이유가 없었다. 그러나 **떠난다**는 것은 **돌아온다**는 의미이기도 했다. 그리고 아버지가 돌아가신 지 한두 달도 안 되어서 우리가 찾아간 그 섬에서, 말도 안 되어 보이지만, 어떤 면에서는 다른 어느 곳에서도 가능하지 않았을 치유가 일어났다. 우리가 현실에서 그대로 참아내며 얻었을 인내, 의지, 용기 그 어느 것으로도 찾을 수 없는, 우리의 능력으로는 결코 이룰 수 없는 그런 종류의 치유였다.

독일에서는 나치주의가 기승을 부리고 있었다. 베를린 올림픽에서 득의양양해 하던 히틀러를 뉴스 영화에서 본 기억이 난다. 오스트리아의 패망과 뮌헨조약까지 일 년도 채 남아 있지 않았고, 전 세계는 전쟁을 향해 치닫고 있었다. 그러나 이 모든 것은 아직 내가 살고 있는 세계가 아니었다. 비록 아래층 비명 소리를 듣고 문을 여는 순간 내게도 시간은 흐르기 시작했지만, 외부 세계이던 우리 시대 공적인 역사는 지금도 그렇듯이 당시에도 내게는 멀게 느껴졌다. 내 세계는 얼추 길이가 40킬로미터, 폭은 가장 넓은 곳이 4킬로미터였다. 그리고 그곳에서 미국인은 대부분 관광객이었지만, 우리는 그렇지 않았다. 항구 옆에 셋집을 구했다. 정착하고 친구들을 사귀었다. 동생과 나는 워윅 아카데미라는 이름의 학교에 다녔다. 그 학교에서 조지 6세의 대관식을 경축하는 큰 모닥불을 피우기 위해 나뭇가지들을 언덕 위로 나르는 걸 돕기도 했다. 지금 돌이켜 생각해 보면, 나는 새로운 직장과 새로운 집을 언제나 찾아 나서야 했던 이전의 어느 거처보다도 이 오즈에서 더 영원을 느끼며, 다른 어느 곳보다도 더 대단한 마법과 사물의 신비로움을 느끼며 살았다.

어떤 사람들은 셰익스피어가 버뮤다를 떠올리며 《태풍Tempest》를 썼을지도 모른다고 말하기도 한다. 그 때문인지 그 희곡 대사 중 한 부분이 평생 나를 따라 다녔다. 그 대사가 그 섬의 마력을 가장 잘 설명해 주기 때문이다. 바로 캘리밴Caliban의 대사다.

두려워하지 말아요, 이 섬은 별별 소리가 다 나니까,
음향과 감미로운 선율은 기쁨을 줄 뿐 해치지는 않는다오.
이따금 천 개의 울리는 악기들이
내 귀에 윙윙거리고, 어떤 때는 음성들이 들려와서,
긴 잠에서 깨어난 후라도.
나를 다시 잠들게 하고, 그리고 꿈속에서는,
구름들이 열려, 내게 쏟아져 내릴 풍성함을,
보여 줄 것만 같아서, 잠에서 깨어나면
나는 다시 꿈꾸게 해 달라고 외쳤소.

두려워하지 말아요. 내게는 그 말이 그 대사의 중심에 있었
을 것이다. 가장 나쁜 일이 일어났기에, 이제는 두려워할 가장
나쁜 일이란 없었다. 아버지는 2미터 아래 땅 속에 누워 있었
고, 내게 쏟아진 풍성함의 한 부분에 아버지를 망각함이라는 선
물이 있었다. 사람들 말에 따르면, 우리는 사실 아무것도 잊지
않으며, 모든 과거는 그저 우리 내면 깊숙한 곳 어딘가에 도사
린 채 자기를 다시 표면에 떠오르게 할 풍경이나 냄새나 자그마
한 소리를 기다리고 있을 뿐이다. 하지만 적어도 그 당시에는,
아버지가 우리를 완전히 놓아버린 것처럼 나도 아버지를 완전
히 떠나보낼 수 있었다. 그러한 여유와 평화가 그 섬에게 받은
어마어마한 선물이었다.

▼ ▼ ▼

또 다른 선물도 있었다. 그것은 기쁨을 줄 뿐 해치지는 않는 음향과 감미로운 선율이었다. 왜 그것을 지금까지 기억하고 있는지는 잘 모르겠지만 잊히지 않는 선물 중 하나는, 자전거를 타고 가파른 흙먼지 길을 올라갈 때 아주 짧은 순간 지속되었을 장면이다. 늦은 오후의 태양과 그 태양을 금빛으로 덮은 대기의 먼지, 느림과 정적과 깊은 비밀이 인상적으로 남아 있다. 야자나무 사이로 비스듬히 내리쬐던 햇볕, 그 햇볕을 받으면서 서 있던 저 멀리 언덕 위 교회의 퇴색한 회벽이 눈앞에 떠오른다. 아지랑이 속에서 한 사제가 내 쪽으로 걸어 내려오고 있었다. 제인 오스틴이나 로렌스 스턴의 소설에 나오는 사제처럼 검은 각반을 두르고 차양이 넓고 낮은 검은 모자를 쓰고 있었다. 까맣고 딱딱한 그 모습이 주변의 단정치 않은 짙은 녹음과 얼마나 동떨어져 보였는지, 그럼에도 그 사제가 얼마나 그 장소를 압도했는지 생각난다. 사제는 말 한마디 없이, 고개조차 까딱이지 않고 나를 지나쳐 갔다. 사제는 자기 길을, 나는 내 길을 갔을 뿐. 그게 전부다. 금빛 하늘. 그림자처럼 혹은 어떤 전조처럼 스쳐 지나간 의미심장한, 신비로운 인물. 내 시간의 끝까지 안고 살게 될 다른 시간에 대한 느낌. 제이미와 내가 학교에서 바닷가로 자전거를 타고 가며 함께 오르던 더 가파른 언덕도 떠오른다. 그 언덕에 오르면 말로 형용할 수 없이 눈부시게 반짝이는 청록색 바다가 머지않은 곳에 펼쳐져 있었고, 우리는 그 널따란 해변을 향해 두 마리 작은 새처럼 쏜살같이 달려 내려가곤 했다. 워윅 아카데미 선생님이던 땅딸보 다혈질 영국인 서튼 씨도 생각난다. 서튼 씨가 돋보기로 담배에 불을 붙이던 것과 말 안 듣는 아이를 때리던 각목을 '서튼의 보약'이라고 부르던 것도 생각난다. 길 건너에서는 납작하고 달콤한 노란색 빵을 살 수 있었다. 성금요일이면 무슨 이유에선지 남학생들이 죄다 들판에 나가 연을 날렸다. 연을 잘 띄워 높이 올리면 바람에 휘청거리는 연줄 전체가 천 개의 현악기처럼 귓가에서 윙윙거리기 시작했다.

이처럼 전에는 모르던 광경과 소리와 냄새라는 깜짝 놀랄 정도로 새로운 선물도 있었고, 태어날 때부터 내게 있었지만 버뮤다에서 지낸 나날 덕분에 새로워 보인 선물도 있었다. 이를테면 나야 외할머니가 오셔서 우리와 잠시 함께 지내신 일이다. 나야 할머니는 내가 여섯 살 때 차가운 완두콩을 대접한 바로 그 할머니다. 나야 할머니는 내게 책과 언어와 그린 샐러드와 불어를 맛보게 해 주셨고, 불규칙 동사 같은 조상들을 몇 년 동안 가르쳐 주셨다. 괴짜인 뉴잉글랜드의 삼촌들과, 길버트와 설리반의 곡들을 끝없이 주문처럼 불러 대던 구두쇠 스위스 이모들을 포함해서 말이다. 그때와 똑같은 할머니였지만 할머니가 새롭게 보였다. 나도 그랬지만 할머니도 책과 피츠버그 등 당신에게 익숙한 세계에서 풀려나셨기 때문이다. 우리는 마치 비를 **56**

함께 피하게 된 낯선 사람들처럼 처음 만난 듯이 새롭게 만나게 되었다. 할머니는 클럽21의 발코니에서 럼 스위즐을 드셨다. 굽 없는 신발을 신고 산호 길을 따라 1.6킬로미터 넘게 걸으셨다. 한번은 퍼니스라인 부두에서 할머니가 어쩌다가 묵직한 짐수레에 앉으셨는데 수레가 굴러갔다. 어머니가 우리를 찾으러 오셨을 때, 나야 할머니는 진주 목걸이를 걸고 베레모를 제트기 모양 핀으로 단단히 고정시켜서 쓴 차림으로 하역 인부처럼 역청을 묻힌 채 맨발의 우리 형제를 도와서 수레를 제자리에 놓으려고 하고 계셨다. 우리는 눈물을 흘릴 정도로 웃었다. 이때 나는 처음으로 우리들도 전설로 들었던 별난 조상들보다 전혀 못할 것이 없다는 사실을 알게 되었다.

그리고 우리가 감찰장교처럼 무서워하던 비크너 할머니도 오셨다. 손에 흰 장갑을 끼고서 우리 삶의 모서리와 창턱을 여기저기 훑으시며 우리의 비현실성과 무절제함을 점검하러 오신 것이다. 샤르만의 가훈 한두 개에 묻은 먼지를 떨어내려 오신 것이다. 할머니가 풍채 당당하게 모나크호 갑판에서 아래를 내려다보며 환영 나온 우리를 부두에서 찾던 모습을 마음에 그려 본다. 뒤쪽에 하늘 가득 갈매기가 선회하는 가운데, 반쯤은 빅토리아여왕을, 반쯤은 거트루드 스타인[^1]Gertrude Stein을 닮은 할머니의 얼굴이 보인다. 섬에서 유일하게 훈제 연어색이던 우리

▶ 1874-1946, 미국의 전위 작가.

집 집세는 늘 할머니가 내주셨다. 그 집 현관에 무겁고 부자연스럽게 들어서는 걸음 소리가 들린다. 나는 평생 할머니의 힘을 잘 알고 있었지만 그 힘이 섬과 맞붙는 건 처음 보았다. 마치 크로켓 방망이로 신선한 공기를 후려치려는 것과 같았고, 미모사 향기를 툭 던져 모양을 빚으려는 것과 같았다. 그 섬에 계신 동안은 섬이 할머니를 이겼다. 어머니가 소개한 점잖은 남자들의 달콤한 말들에 둘러싸여 할머니는 소녀처럼 수줍어지셨다. 삼나무와 소금냄새가 담긴 향긋한 공기를 깊이 들이마시고 우리처럼 취하셨다. 그러나 뉴욕으로 잘 돌아가시고 나서는 어머니에게 현실을 직시하라고 편지를 쓰셨다. 결국 그 해 가을 우리 가족은 렉싱턴과 센트럴 파크 사이 90번가에 있는 아파트로 돌아와 현실을 직시하며 겨울을 났다. 그러나 겨울이 지나자, 할머니는 우리가 돌아가는 것을 묵인해 주셨다. 결국은 당신의 원칙보다는 우리를 더 사랑하셨기 때문이리라. 그리고 버뮤다에서 두 번째 해이자 마지막 해가 거의 저물어갈 무렵 나는 그 섬이 준 선물 중에 가장 큰 선물을 받았다. 그 당시에는 내가 무엇을 받았는지, 다른 사람들도 그런 선물을 받은 적이 있는지도 몰랐다.

▾ ▾ ▾

소녀는 나처럼 열세 살이었고, 활짝 웃는 얼굴이었다. 둘이 무슨 중요한 이야기를 나누었다고 해도 잊은 지 오래다. 소녀의 눈동자 색도 생각나지 않는다. 목소리도 잊어버렸다. 그러나 어느 날 땅거미가 질 무렵 무너진 돌담 위에 나란히 앉아 솔트 케틀 나룻배들이 오가는 것을 보고 있을 때, 내가 할아버지의 야릇한 시선 속에서 비너스 상의 가슴을 만졌던 때와 마찬가지로 순진하게 우리의 맨 무릎이 잠시 우연히 서로 닿았다. 바로 그 순간 그것이 무엇인지는 모르지만 그것을 찾아야 완전해질 수 있었을 그 무언가를 갈망하는, 달콤한 공포와 번민이 내게 가득 차올랐다. 존 던John Donne이 "성별性別의 차이를 우린 알지 못했네 / 수호천사들이 그러하듯"이라고 썼지만, 또 지극히 평범한 의미에서 보더라도, 어떤 사랑도 덜 에로틱할 수는 없을 것이다. 그렇지만 그것은 의심할 바 없는 찬란한 천상의 에로스였다. 그것은 저 높은 곳을 갈망하는, 끝없이 배고프고 애끓는, 세상의 가장 뛰어난 아름다움을 향한 사랑이며, 또 그 너머, 해의 동쪽과 달의 서쪽에 간직되어 있어서 오직 우리의 가장 절실한 열망으로만 다다를 수 있는 아름다움 본연의 아름다움, 존재 그 본연과 그 중심의 아름다움을 향한 사랑인 것이다.

어린아이들이 그렇듯이 그때까지 나는 주로 사랑을 받는 쪽이었다. 부모님이 나를 사랑했고, 조부모님도 그러했고, 몇 명 되지 않는 사람들이 나를 사랑해 주었다. 나는 어린아이답게 그 사랑을 받아들였다. 사랑받는다는 것은 당연한 것이었으므로. 나는 마치 고양이를 쓰다듬어 주면 가르랑거리듯이 반응했다. 그러나 이제 처음으로 내 자신이 사랑의 근원이자 공급자가 되

었다. 그 사랑이 얼마나 충만하게 넘쳐흘렀는지 설령 내게 용기
가 있더라도 그 활짝 웃는 소녀에게 차마 표현할 수 없었을 정
도였다. 이런 감정들을 하룻강아지 사랑이니 바보 같은 사랑이
니 하고 무시해 버리는 사람은 제대로 알아야 한다. 인생에 에
로스가 어린 시절처럼 순수하고 강력하게 우리를 다시 찾아오
는 경우는 거의 없을 것이다. 어린 시절에는 에로스를 희석시킬
다른 어떠한 것이 거의 없기 때문이다. 나는 자신에게도 설명할
수 없을 정도로 그 소녀를 사랑했다. 그 사랑에 답하여 소녀가
어떤 식으로든 나를 사랑했는지는 몰랐고, 내가 기억할 수 있
는 한 나는 그다지 알고 싶지도 않았다. 내가 기대했던 건 그 소
녀를 사랑하는 것뿐이었으므로. 비록 뭍에서든 바다에서든 결
코 내가 갈망하던 그 무언가를 결코 온전히 발견할 수는 없으리
라는 것을 알기에 슬픔이 어렸지만, 에로스는 그 자체로 충분한
선물이었다.

　　그리고 에로스는 예기치 못한 시작만큼이나 갑자기 끝났다.
9월 1일, 히틀러의 군대가 폴란드를 침공했고, 3일에는 영국과
프랑스가 독일에 선전포고를 했다. 독일군이 잠수함 기지 확보
를 위해 버뮤다를 점령하려고 한다는 소문이 빠르게 퍼졌다. 미
국인들은 모두 떠나야 했다. 일이 갑작스럽게 진행되었고, 급하
고 혼란스러운 가운데 나는 소녀가 언제 떠났는지도 몰랐고 작
별인사를 할 기회도 없었다. 모나크호와 퀸호는 위장하기 위해
회색으로 칠해졌다. 선실 창문은 빛이 새나가지 않도록 가렸고, **60**

날이 저물면 갑판 위에서 성냥불을 켜는 것조차 허용되지 않았다. 퀸호를 타고 가면서 나는 온 세상과 함께 우리가 직시해야 하는 현실을 향해 마침내 항해를 시작했다는 생각이 들었다.

▾ ▾ ▾

도대체 현실이란 무엇일까. 추측건대, 무엇이든 실재하는 것으로 보이는 것이 있다면 그것이 현실일 것이다. 그리고 한 사람에게 실재하는 것으로 보인다고 다른 사람에게도 실재하는 것으로 보일 필요는 없다. 앞 못 보는 이에게는 색깔이, 절망에게는 희망이 실재하는 것으로 보이지 않으므로. 그래서 우리는 모두 살아가면서 각자 자기 현실을 만들어 낸다. 내게는 이것이 현실이었다. 아버지의 죽음 때문에 내게는 새롭고, 여러 면에 볼 때 더 행복한 삶이 찾아왔다. 아버지가 돌아가셨다는 충격은 서서히 사라졌다. **자살**이라는 단어는 왠지 수치스럽고 꺼내지 않는 게 나아 보였기 때문에, 아버지의 죽음과 관련하여 그 죽음을 심장질환이라는 말로 둘러대게 하던 감정도 사라졌다. 슬픔이 사라졌다고는 말할 수 없다. 어떤 의미에서 동생과 달리 나는 아직 그 슬픔을 느끼지도 못했기 때문이다. 슬픔은 삼십 년 넘게 지난 후에야 찾아왔다. 버뮤다에서 보낸 나날과 그 이후 더 많은 나날이 밝게 쌓이는 동안 슬픔은 유예되어서 그 아래에 깊이 가라앉아 있었다. 중년이 되어서야 비로소 그 슬픔이 실재가 되어서 마침내 진짜 눈물을 흘리게 되었다. 내가 누구 때문에 울고 있는지, 또 울고 있는 나는 누구인지를 더 분명히 보게 되었다. 네버랜드와 오즈 같던 그 섬에서, 우리 가족에게 는 아무 연고도 없던 그 섬에서, 나는 처음으로 고향을 발견했 다. 외국인이기에 우리가 결코 진정으로 소속될 수 없던 그 땅 에서, 나는 소속감을 느꼈다. 여행안내 책자가 휴가 여행자들의 천국이라고 광고하는 가장 경박해 보이는 그곳에서, 나는 가장 덜 경박한 것을 발견하게 되었다. 사랑은 따뜻한 산호해변에서 뭇 신혼여행객들이 일광욕을 즐기듯이 누리는 따뜻함일 뿐 아 니라, 천국 자체를 향한 진지하고 치열한 갈망과 탐색이며, 다 른 이의 천국에서 자기를 잃어버리고 되찾는 일이라는 것이다. 돌아보니 이것이 그 당시의 현실이었으며, 그 현실의 일부는 내 게 찾아온 치유와 강건함이라는 선물이었다. 선물이라 함은 누 군가 준 사람이 있다는 의미다. 그렇지 않은가?

물론 그 시절을 다른 방식으로 바라볼 수도 있다. 상식적으 로는 그저 꼬마가 철이 좀 들었다고 치부해 버릴 수도 있다. 시 간은 모든 상처를 치유하기 마련이고, 이 아이도 예외는 아니라 고. 상황이 이 아이에게 꼭 맞게 돌아가기 시작했다고. 그뿐이 라고. 그 일들은 유리창에 떨어지는 빗방울 모양처럼 우연히 일 어났으며, 복권 추첨에서 당첨 번호를 뽑듯이 그저 운일 뿐이라 고. 선물과 준 사람 면에서 말해 본다면 선물을 준 사람은 바로 그 할머니라고 주장할 수 있다. 이 이야기에서는 홀대받고 있는 듯이 보이지만 어쨌든 집세를 다 내줬고, 당신이 더 낫다고 판 **62**

단하는 것에 반하는데도 경제적인 부분을 전부 책임진 굉장한 할머니 말이다. 아니면 심리학적 면으로 말할 수도 있다. 아버지의 자살로 인한 충격이 너무나 커서 소년은 자신의 감정을 감당할 수 없었다고. 그래서 얼마나 감정을 억눌렀는지 결국 나중에 심리적인 문제를 일으킬 수밖에 없었다고. 또 오이디푸스 갈등 면에서 말할 수도 있을 것이다. 소년이 그처럼 슬픔을 빨리 극복할 수 있었던 건, 아버지의 죽음과 함께 소년이 잠재의식 속에서 언제나 바라오던 대로 어머니를 독점할 수 있었기 때문이었다고. 그 결과 불안과 가책의 찌꺼기가 당연히 나중에 종교적 공상에서 위안을 추구하는 것으로 이어졌고, 죽은 아버지를 대신할 하늘에 있는 아버지를 꿈꾸게 되었다고.

그 시절을 이런 식으로 해석하는 관점들을 부인할 수도 없고, 부인하고 싶지도 않다. 이런 관점들과 또 이와 유사한 통찰들은 내게 일면 실재적으로 보인다. 그렇다. 시간은 모든 상처를 아물게 하거나 적어도 치료를 해 줘서 견딜 만하게 해 준다. 그렇다. 왕은 죽었지만 왕자의 슬픔은 자기가 왕이 됨으로써 누그러진다. 그렇다. 성性이라는 아름답게 변형된 힘은 어릴 때부터 우리 모두를 심하게 뒤흔들어 놓는다. 자신의 종교나 무신론을 바라볼 때, 그 속에서 소원성취라는 요소들을 완전히 배제할 수 있는 사람이 과연 누가 있겠는가? 또 자기 인생을 돌이켜 볼 때 그 속에서 전적인 우연과 뜻밖의 행운의 역할을 과연 누가 완전히 부정할 수 있겠는가? 그러나 믿음은 히브리서 저자가 썼듯이 "바라는 것들의 확신이요, 보이지 않는 것들의 증거"
다. 그 시절을 돌이켜 볼 때 나는 확인할 수는 없으나 선물의 수
여자가 분명히 있었고, 그 비밀의 선물들은 그 시절의 일부였을
뿐 아니라 가장 심오한 실재였음을 부인하지 않겠다.

▼ ▼ ▼

우리의 버뮤다행과 관련해서는 할머니의 말씀이 옳았을지도
몰랐다. 끔찍한 실수였을 수도 있었다. 하지만 그것은 우리가
한 일 중에 가장 잘한 일이었다. 아버지의 죽음 때문에 내 마음
문이 영원히 닫힐 수도 있었다. 그와 같은 사랑과 그 사랑으로
인한 고통이 들어올 수 없도록 막아버릴 수도 있었던 것이다.
그러는 대신, 아버지의 죽음은 내 안에 다른 사람의 고통으로
통하는 문을 열어 주었다. 하나님도 아시지만, 내가 다른 사람
을 많이 도와 준 것도, 그런 적이 있는 것도 아니다. 나 역시 그
러기엔 너무 소심하고, 믿음도 연약하며, 지나치게 자기중심적
이고, 까다로웠기 때문이다. 그러나 내 인생에서 알게 된 그 고
통을 통해 대단한 도움의 손길까지는 아니라도 해도 적어도 내
눈이 열렸다. 그래서 어느 인생에나, 가장 운이 좋아 보이는 인
생에도 고통이 있으며, 묻어버린 슬픔과 상처 입은 기억이 모두
에게 있다는 것이 보이기 시작했다. 그 외에도 볼 것들은 너무
많았다. 검은 각반의 성직자, 수난절에 윙윙거리며 공중을 날던
연들, 솔트 케틀에서 옆에 앉아 있던 소녀. 보아야 할 것들 역시

언제나 많다. 한 번에 다 받아들이기에는 너무나 큰 것들. 단번에 깨닫기에는 너무나 작은 것들. 아마 우연히 일어나지만, 우리가 보게 되는 이러한 순간들. 나는 우리의 눈과 더불어 마음도 열어 주는 이러한 순간들이 결코 우연이 아님을 믿기로 작정했다.

나는 그것을 기이하고도 거룩한 은혜라고 불렀다. 기이한 까닭은 아무도 그 은혜를 도무지 예측할 수 없기 때문이다. 이 세상의 상실과 고통 한 가운데서, 우리 자신의 내적인 세계에서 솟아오르는 이 기이한 은혜의 방식과 때와 장소를 누가 예견할 수 있겠는가? 그리고 거룩한 까닭은, 이런 은혜의 순간들이 궁극적으로 오즈보다 더 먼 곳에서, 그리고 운명보다 더 깊은 곳에서 찾아오기 때문이다. 우리를 치유하고 깨끗하게 해 주기 때문이다. "알려지거나 알려지지 않았거나, 기억되거나 잊혔거나 주님이 베푸신 모든 복에 대해 주님에게 감사를 드립니다"고 하는 옛날 기도문처럼, 거의 알려지지 않은 사람들과 거의 잊힌 사람들을 위해서 우리 인생의 여정을 돌아볼 필요가 있는 이유는, 그들의 존재 덕분에 우리 각 사람의 인생이 거룩한 여정이 되기 때문이다. 그처럼 복을 주고 복받은 순간들을 나는 선물로 보기로 작정했지만 그렇게 보기는 쉽지 않다. 소망을 베푸는 손길을 내밀기는 더 힘들다. 그러나 선물 일부는 적어도 때로는 히브리서의 말씀처럼 보이지 않아도 확신하고 받아들일 수 있다는 것이다. 그것이 바로 믿음의 방식이자 본질일 뿐 아니라 믿음은 언제나 더 멀리, 더 깊이 보게 하기 때문이다.

그런 믿음이 한낱 꿈일 뿐이라고 말하는 사람은 늘 있기 마련이고, 하나님도 아시다시피 그런 말을 우리에게 가장 통렬하게 해 줄 수 있는 사람은 때때로 바로 우리 자신이다. 설령 그렇다고 해도 그것은 캘리밴의 꿈과 같다는 생각이 든다. 믿음은 마치 꿈 같아서 구름이 열려 우리에게 쏟아져 내릴 풍성함을 보여 주지만, 꿈에서 깨어 상식이나 다름없는 현실로 들어가면 우리는 다시 꿈꾸게 해 달라고 외친다. 꿈이 현실보다 더 진실하게 보이기 때문이다. 본 적은 없지만 믿음으로 우리는 보지 않고도 확신한다. 믿음은 꿈인 동시에 외침이다. 믿음은 가장 거룩한 최상의 꿈이 어쨌든 진실이라는 확신이다. **무언가**에 대한 믿음으로, 삶이 죽음보다 낫다고 전제한다면, 시간을 통과하는 우리의 여정이 견딜 만해진다. 믿음이 끝날 때, 여정도 끝난다. 내 아버지와 같은 죽음으로, 아니면 스스로 희망이 없다고 체념하는 사람들의 살아 있는 죽음으로 끝나는 것이다.

2.

기억의 마법

방 이름, '기억하라'

그들이 하나님의 궤를 들어다가, 다윗이 궤를 두려고 쳐 놓은 장막 안에 궤를 옮겨 놓고 나서, 하나님 앞에 번제와 화목제를 드렸다.… 그날에 처음으로, 다윗이 아삽과 그 동료들을 시켜, 주님께 감사를 드리게 하였다. "너희는 주님께 감사하면서, 그의 이름을 불러라. 그가 하신 일을 만민에게 알려라.… 그의 거룩하신 이름을 찬양하여라. 주님을 찾는 이들은 기뻐하여라. 주님을 찾고, 그의 능력을 힘써 사모하고, 언제나 그의 얼굴을 찾아 예배하여라. 주님께서 이루신 놀라운 일을 기억하여라. 그 이적을 기억하고, 내리신 판단을 생각하여라." 역대상 16:1, 7-12, 새번역

이르되 예수여 당신의 나라에 임하실 때에 나를 기억하소서 하니 예수께서 이르시되 내가 진실로 네게 이르노니 오늘 네가 나와 함께 낙원에 있으리라 하시니라. 누가복음 23:42-43, 개역개정

여러분이 저와 같다면 가끔씩 꿈 때문에 잠에서 깬 적이 있을 것입니다. 때로는 나쁜 꿈 때문에 깹니다. 꿈속에서 그림자들이 너무 위협적으로 변해 심장이 쿵 내려앉고, 꿈속 어둠이 밤의 **69** 실제 어둠보다, 내면의 그림자가 바깥의 그림자보다 더 무섭게

느껴져 몸서리치며 잠에서 깹니다. 때로는 슬픈 꿈이어서 깹니다. 꿈에서 너무나 슬퍼서 잠든 눈에 진짜 눈물이 고이고 그 눈물 때문에 잠에서 깹니다. 그리고 눈에 눈물이 고여 있음을 깨닫습니다. 때로는 저처럼 너무나 터무니없는 꿈을 꾸면서 웃다가 깬 적도 있을 것입니다. 마치 잠에서 깨어 그 풍성한 희극성을 충분히 음미하라는 듯이 말입니다. 진실성이라 부를 만한 꿈 때문에 잠에서 깨는 경우가 가장 드뭅니다.

꿈속에서 우리는 이리로 갔다가 저리로 갔다가 합니다. 한 장면이 희미해지면서 다른 장면으로 넘어가고 사람들이 나타났다 사라집니다. 그러다 갑자기 꿈이 나오는 깊숙한 그곳에서 뭔가가 솟아올라 우리를 뿌리부터 흔들어 놓습니다. 꿈의 신비가 갑자기 안개처럼 걷히고, 자신이 아는 그 무엇보다 참된 진실을 한순간 엿보는 듯한 일이 일어납니다. 바로 자신에 대한 진실입니다. 꿈이 담아내기에는 너무나 버거운 진실이기에 꿈에서 깹니다.

몇 년 전 저는 꿈을 하나 꾸었는데, 지금도 유난히 생생하게 머리에 남아 있습니다. 꿈속에서 저는 어딘지 모를 호텔에 묵고 있었고 제가 배정받은 방이 마음에 쏙 들었습니다. 그 방이 어떤 모습이었는지는 선명하게 기억나지 않습니다만, 제 마음에 들었던 것은 방의 모습이 아니라 그 방의 느낌이었던 것 같습니다. 그 방에서 저는 행복하고 평화로웠고, 모든 일이 제대로 된 것 같았고, 제 모습도 모든 면에서 제대로 된 듯 느껴졌습니다. **70**

그런데 꿈이 진행되면서 저는 여러 다른 곳으로 가서 여러 다른
일을 했습니다. 많은 모험을 하고 난 후에 결국 같은 호텔로 돌
아왔지요. 이번에는 다른 방을 배정받았는데, 그 방은 전혀 편
하지가 않았습니다. 방은 어둡고 비좁아 보였고, 그 안에 있으
니 정말 어둡고 비좁았습니다. 그래서 저는 안내 데스크에 가서
문제를 이야기했습니다. 이전에 여기 왔을 때는 모든 면에서 내
게 꼭 맞는 멋진 방에서 묵었는데 그 방에 다시 묵을 수 있으면
정말 좋겠다고 말했습니다. 그런데 문제가 있었습니다. 그 방이
몇 호인지 기억이 나지 않고 어떻게 찾아야 할지, 어떻게 물어
봐야 할지도 모르겠다는 것이었습니다. 안내 직원은 이해심이
깊었습니다. 직원은 제가 말하는 방이 어딘지 정확히 알고 있으
며 제가 원할 때는 언제든 그 방에 묵을 수 있다고 말했습니다.
방 이름을 대고 청하기만 하면 된다고 했습니다. 그래서 당연히
저는 그 방 이름을 물었습니다. 직원을 말해 주게 되어서 기쁘
다면서 알려 주었습니다. 그 방 이름은 '기억하라'였습니다.

　기억하라, 직원은 그렇게 말했습니다. 제가 원하던 방 이름
이 '기억하라'였습니다. 그 이름을 듣고 저는 잠에서 깼습니다.
그 이름에 놀라 잠에서 깼고, 그때 받은 충격과 그 의외성에 놀
란 기억이 지금도 생생합니다. 저는 그것이 좋은 꿈이라는 걸
알았고, 헤아릴 수 없는 면에서 참된 꿈이라고 느꼈습니다. 그
진상을 이해하지는 못했지만 그 꿈은 여전히 어떤 의미에서는
복된 꿈이었고 치유하는 꿈이었습니다. 치유를 이해 못해도 치

유받을 수 있고 복에 관해 아무것도 몰라도 복을 받을 수 있으니까요. 그 방에서 저를 가득 채우던 평화로운 느낌, 제가 원하거나 아쉬울 때면 언제라도 그곳으로 돌아갈 수 있다는 앎이 바로 치유와 복의 근원이었습니다. 그리고 그 방 이름, 그것이 신비의 근원이자 치유의 핵심이었지만, 그 이유를 저는 온전히 이해하지는 못했습니다. 그 방의 이름은 '기억하라'였습니다. 왜 '기억하라'였을까요? 기억함에 무엇이 있기에 그토록 깊은 평화, 그토록 완전하고 강렬한 행복감이 밀려와 자다가 벌떡 깨어나게 되었을까요? 그 꿈은 저뿐 아니라 모든 사람에게도 참된 꿈인 듯했습니다. 우리는 무엇을 기억해야 할까요? 무슨 목적과 목표를 위해 기억해야 할까요?

물론 우리는 어떤 식으로든 늘 기억을 합니다. 기억을 안 하고 싶어도 안 할 도리가 없습니다. 적어도 오랫동안 기억을 안 할 수는 없습니다. 우리가 기억을 안 하려고 할 때도 있고 기억하고 싶지 않을 때도 있습니다. 어떤 의미에서 과거는 확실히 죽었고 반복되지 않으며 완전히 끝났습니다. 그러나 또 다른 의미에서 보면 과거는 전혀 끝나지 않았습니다. 적어도 우리에게는 그렇습니다. 우리가 알던 모든 사람, 우리가 갔던 모든 장소, 우리에게 일어난 모든 일, 이 모두가 좋건 싫건 우리 내면의 깊숙한 곳 어딘가에 살아 숨 쉬고 있어서, 가끔 그 일부분을 의식의 수면 위로 끌어올리는 데 큰 힘이 들지 않습니다. 여러 해 전에 인기 있던 노래의 한 구절. 어릴 때 읽은 책. 한때 오가던 쪽

뻗은 도로. 오래된 사진, 오래된 편지. 예측할 수 없던 사소한 일이 계기가 되어 예전에 우리에게 일어난 일이 떠오릅니다. 그런 일은 멀찍이 물러서서 응시할 수 있는, 벽에 걸린 그림이 아니라 우리가 큰 부분을 차지하는 동시에 우리의 큰 부분을 차지하는 현실이기에 그 일이 떠오르면 그때 경험했던 애초의 감정들이 처음과 비슷하게 강렬하고 새롭게 느껴집니다. 열여섯 살에 사랑에 빠진 일, 헐린 지 오래된 옛 집의 냄새를 맡고 그 소리를 듣던 일, 기억도 못할 만큼 오래 전에 죽었지만 여러 모로 우리가 대신 죽었으면 하는 생각이 드는 그 사람과 눈물이 나도록 신나게 웃던 일. 오래된 실패들, 오래된 상처들. 너무 아름다워서 또는 너무 너무 끔찍해서 차마 말할 수 없는 시절들. 부르지도 않았는데 정신없이 찾아오는 기억들을 주체하기 힘든 때가 있는가 하면, 아무리 쥐어짜도 기억이 너무나 아련하여 안타깝기만 한 때도 있습니다.

그러나 제가 꾼 꿈은 그 이상의 것을 말하는 듯합니다. 다른 종류의 기억과 다른 방식의 기억함에 대해 말하는 듯합니다. 제가 지금까지 거론한 기억은 대체로 우리의 선택과 무관하게 저 혼자 왔다가 갑니다. 우리 외부에 있는 것들이 그 기억을 떠오르게 하니 우리가 아니라 그것들에게 힘이 있다고 할 수 있습니다. 반면, '기억하라'는 이름의 방은 우리가 언제든 원할 때 들어갈 수 있기 때문에 기억하는 힘이 우리에게 있습니다. 흔히 떠오르는 기억들이 우리 안에 불러일으키는 감정은 기억의 종류

만큼이나 다양합니다. 그러나 '기억하라'는 이름의 방에서는 모든 감정이 비범한 행복에 담기고 극복됩니다. 그곳은 모든 방 중에서 우리가 편안함과 평화를 느끼는 바로 그 방입니다. 이 차이점들은 한 가지 질문을 가리킵니다. '좋든 싫든 매일매일 우리에게 되는 대로 찾아오는 기억들과 꿈속의 그 방이 나타내는 기억들은 어떻게 다른가?'

제가 볼 때 무엇보다 큰 차이는 꿈속의 방이 가리키는 기억함이 우리가 흔히 떠올리는 기억보다 훨씬 의식적인 의지의 행위라는 것입니다. 여러분이나 저나, 다들 탈출의 명수입니다. 우리는 너무 심각해지는 것을 좋아하지 않습니다. 자신과 관련해서는 특히 그렇습니다. 다른 사람들과 함께 있을 때 해 아래 있는 거의 모든 문제를 놓고 이야기 나누지만 정작 자기에게 중요한 것, 자기 인생이나 내면에서 벌어지는 일은 입 밖에 내지 않습니다. 우리는 인사를 나눕니다. 잡담을 합니다. 그러나 서로가 더없이 필요한 순간에도 서로 접근을 허용하지 않고 거리를 둡니다.

혼자 있을 때도 사정은 마찬가지입니다. 밤늦은 시간, 남들은 다 어딘가로 갔거나 잠이 들었다고 합시다. 하루, 한 주, 한 해를 돌아보며 내가 어디서 왔고 어디로 가고 있는지 살펴보고 그동안 한 일과 하지 않은 일들을 따져 보면서 자기가 누구인지, 좋든 싫든 어떤 사람이 되고 있는지 실마리를 찾기 좋은 때입니다. 그러나 우리는 오래 생각하기를 피합니다. 번번이 그 74

렇습니다. 우리는 텔레비전을 켭니다. 신문이나 책을 집어 듭니다. 얼마든지 다음 날로 미룰 수 있는 허드렛일을 찾아냅니다. 행여나 과거를 만날까봐 현재에 매달립니다. 수면 아래 숨어 있는 것이 두려운 나머지 수면 위로 나온 것에 매달립니다. 그렇게 하면 안 될 이유가 뭐냐고 생각합니다. 우리는 지쳤습니다. 혼란스럽습니다. 어떻게든 빠져나갈 구멍이 필요합니다. 그러나 우리에겐 그보다 더 깊은 필요가 있습니다. 가끔씩은 우리 안에 있는 그 조용한 방에 들어가야 합니다. 그 방에서는 과거가 현재의 한 부분이 되고 죽은 사람들이 여전히 살아 있습니다. 온갖 우여곡절이 있는 우리 인생의 긴 여정과 그 여정 끝에 우리가 이른 지점이 생생한 현실로 다가옵니다. 그 방 이름이 '기억하라'입니다. 우리는 그 방에서 인내와 사랑과 차분한 마음으로 여태껏 살아온 인생을 의식적으로 기억해 냅니다.

지난 세월, 우리에겐 너무나 많은 일이 있었습니다. 우리 내면에서, 그리고 우리를 통해 많은 일이 일어났습니다. 우리는 시간을 내어 그중 기억할 수 있는 일들과 기억할 엄두가 나는 일들을 기억해 내야 합니다. 그것이 바로 그 방에 들어간다는 것의 의미라는 생각이 듭니다. 그 방에 들어간다는 것은 의도적으로 시간을 들여 기억한다는 뜻입니다. 책을 집거나 라디오를 켜는 대신, 의도적으로 진지하게 마음의 여행을 떠나 이미 지나갔지만 사라지지 않은 세월을 돌아본다는 뜻입니다. 이것은 더 깊고 더 느린 방식의 기억함, 탐색과 발견으로서의 기억함을 뜻합니다. 누구나 마음만 먹으면 그 방에 들어갈 수 있고, 그 과정은 기도의 과정과 다르지 않습니다. 기도 역시 느리고 진지한 여행, 즉 우리 삶에서 가장 깊고 소중하게 진리를 찾는 탐색이며 이해하고 듣고 말하기 위한 탐색이기 때문입니다.

"그 누가 나의 괴롬 알며"라고 옛 흑인 영가는 묻습니다. 물론 우리가 겪은 괴롬, 즉 상처와 슬픔, 심각한 실수, 치명적 상실은 우리 자신 외엔 그 누구도 모릅니다. 그러니 우리는 그것을 기억해야 합니다. 우리는 행복도 경험했습니다. 소중한 시간들, 소중한 사람들, 어떻게 한 것인지는 잘 모르지만 우리가 좀 더 나은 존재였던 순간들. 그 순간들은 우리 외엔 아무도 모릅니다. 우리는 그것을 기억해야 합니다. 그리고 제 꿈이 정말 참된 꿈이라면 그 기억들이 차례로 불러일으키는 기쁨이나 후회의 감정을 넘어서는, 심오하고도 든든한 평화, 헤아릴 수 없는 면에서 모든 것이 잘될 거라는 느낌을 발견하게 될 것입니다.

우리는 살아남았습니다, 여러분도 저도. 어쩌면 그 사실이 기억함의 중심에 자리 잡고 있는지 모릅니다. 20년, 40년, 60년, 80년, 우리는 올해까지, 이날까지 버니고 살아남았습니다. 이 것은 필연이 아니었습니다. 더는 버티지 못할 거라고 생각하던 때, 끝장날 뻔한 때가 있었습니다. 차라리 버티지 못하기를 바라고 모든 것을 포기해 버리고 싶던 때가 있었습니다. 사정은 다들 다르겠지만, 저는 심장이 돌로 변하게 만들 만한 슬픔과 고통을 겪었다고 분명히 말할 수 있습니다. 안 그런 사람이 있겠습니까? 저는 잘못된 길을 선택한 적이 많고, 바른 길이라도 잘못된 이유로 선택한 적이 많습니다. 사랑하는 사람들을 그들에게나 저에게나 유익이 되지 않는 방식으로 과하게 사랑한 경우도 많고, 사랑할 수 있었던 사람들을 사랑하지 못하고 잃어버린 경우도 많습니다. 옛 기도문이 말하는 것처럼, 저는 제 마음의 계책과 소원을 지나치게 따라갔지만, 제 마음이 제게 용감하고 친절하고 정직하라고 촉구할 때는 귀를 막을 때가 많았습니다.

제 인생을 기억한다는 것은 포기하고 그대로 가라앉아버릴 수도 있었던 때, 인간적으로 말해 아무도 찾을 수 없을 정도로 완전히 행방불명되었을 수도 있던 수많은 때를 기억한다는 의미입니다. 그러나 저는 사라지지 않았습니다. 포기하지 않았습니다. 그리고 여러분도 이제껏 포기하지 않았기에 들려줄 수 있는 많은 기억과 이야기들을 갖게 되었습니다. 여러분도 생존자로서 여기에 있습니다. 우리가 살아남았다는 것은 무엇을 말해 줄까요? 우리는 약하지만 우리 힘을 넘어서는 어떤 힘이 적어도 여기까지, 적어도 오늘까지는 우리를 버티게 해 주었다고 말해 줍니다. 우리는 어리석지만 우리 지혜를 넘어서는 어떤 지혜가 충분히 깜빡였습니다. 숲을 곧장 헤치고 나갈 길을 훤히 보여 줄 정도는 아니었어도 바로 앞에 난 길을 따라가게 해 줄 정도는 되었습니다. 그러면 버틸 만합니다. 우리는 소심하지만 우리 능력을 넘어서는 사랑이 우리 심장을 계속 약동하게 해 주었습니다.

그래서 '기억하라'는 이름의 방에서는 평화를 찾는 일이 가능합니다. 뒤를 돌아보는 데서, 우리가 대부분의 시간에 깨닫지 못했지만 한 번도 정말 혼자였던 적은 없다는 사실을 기억하는 데서 평화가 찾아옵니다. 우리가 의지할 대상이 서로뿐이었다면 결코 여기까지 살아남을 수 없었을 것입니다. 우리는 의지할 수 없는 나약한 존재임을 우리 자신이 누구보다 잘 알기 때문입니다. 우리 중 가장 강한 사람도 예외는 아닙니다. 지난 세월 동안 누가, 혹은 무엇이 우리와 함께한 것일까요? 우리는 누구에게, 혹은 무엇에 감사해야 할까요? 행운의 별? 어쩌면 그럴지도 모릅니다. 그것 외에는 감사할 대상이 없는지도 모릅니다. 행운의 별.

▾ ▾ ▾

그러나 다윗왕에게는 감사할 다른 대상이 있었습니다. 적어도 그렇다고 생각했습니다. 다윗은 외쳤습니다. "여호와께 감사하여라. 그가 하신 일을 만민에게 알려라!" 다윗은 언약궤를 예루살렘으로 가져와서 장막 안에 있는 방에 두고 비파와 수금과 제금과 나팔소리에 맞추어 기쁨으로 마음껏 찬양했습니다. "주님[여호와]께서 이루신 놀라운 일을 기억하여라. 그 이적을 기억하고, 내리신 판단을 생각하여라." '기억하라'는 다윗이 부른 찬양이었습니다. 그는 지난 기억들, 앞으로 간직할 기억들, 기억

할 만한 순간들을 기억하라고 노래했습니다! 남편과 아버지로
서 실패한 일, 밧세바에 대한 음욕과 그 남편을 살해한 일, 선지
자 나단의 무서운 고발, 여러 실패와 배신, 위선 등이 다윗의 삶
에 있었지만, "그의 구원을 날마다 전하"대상 16:23, 새번역라는 찬양
은 다윗에게서 끊이지 않았고 평생토록 이어졌습니다. 제가 생
각하기에 다윗은 구원을 전하는 일이 매일 있어야 한다는 뜻으
로뿐 아니라, 구원 자체가 매일 일어나야 한다는 뜻으로 찬양했
습니다. 다윗은 자기가 기억하듯이 매일 어떤 식으로든 구원을
받았습니다. 자신의 어둠과 상실과 어리석음에도 불구하고 살
아남을 만큼, 숱한 어려움을 헤치고 다음날 그 다음날에도 계
속 살아남을 만큼 구원을 받았습니다. 다윗은 "[여호와께서 행
하신] 이적을 기억하고, 내리신 판단을 생각하"라고 소리쳐 찬
양했고, 그가 기억한 기적들과 판단은 산산이 부서진 자신의 과
거와 자기 민족의 과거였습니다. 아브라함과 이삭, 야곱, 출애
굽, 약속의 땅에 들어간 일로 이루어진 과거 말입니다. 이 모두
는 우리의 과거이며 그리스도와 출애굽, 약속의 땅, 그 모든 강
력한 기적들도 우리 과거의 일부입니다. 이것이 다윗이 기억하
고서 우리 모두가 기억하도록 노래하는 내용입니다.

　"주님[여호와]을 찾고, 그의 능력을 힘써 사모하고, 언제나
그의 얼굴을 찾아라." 다윗의 찬양은 이렇게 이어집니다. 성궤
가 있는 장막의 방에서 그분을 찾고, 꿈속의 그 방에서 그분을
찾으라는 말입니다. 다윗은 우리가 알았건 몰랐건 우리의 모든

나날 동안 우리 여호와, 우리 하나님이 우리와 함께하셨다고 노래합니다. 그분은 최고의 순간이나 최악의 순간에도 우리와 함께하셨고, 친히 판단하사 치유하는 고통을 허락하셨으며, 우리가 그분의 이름을 잊었던 많은 순간에도 은밀하게 복을 주셨습니다. 다윗은 행운의 별이 아니라 하나님에게 감사합니다. "여호와께 감사하여라.⋯ 그가 하신 일을 만민에게 알려라." 다윗은 하나님이 우리 인생에서 행하신 일들을 기억하고 사람들에게 알리라고 노래합니다. 다윗이 옳을까요? 정말 하나님이 하신 일이었을까요? 하나님이 이날까지 우리를 보호하신 분, 우리가 감사해야 할 분일까요?

이번에도 각자 자기 이야기를 해야 합니다. 각자 자기 인생을 기억해야 합니다. 우리가 사랑하던 사람, 없어서는 안 될 누군가가 죽었는데 어디선가 무언가가 찾아와 우리의 빈자리를 채우고 우리의 상한 부분을 고쳐 줍니다. 그저 시간이 고쳐 준 것일까요, 자꾸만 생겨나는 삶의 분주한 일들이 우리의 빈자리를 채워 준 것뿐일까요? 우리는 홧김에 말을 뱉었다가 나중에 혀라도 깨물고 싶을 만큼 후회한 적이 있고, 누군가가 홧김에 우리에게 그런 적도 있습니다. 그러나 어디선가 용서가 찾아오고 그 사람과 우리 사이에 다리가 다시 놓입니다. 그런가 하면, 용서가 찾아오지 않아서 지금까지도 둘 사이에 다시 다리가 놓이지 못한 경우도 있습니다. 이런 치유의 근원이 사람의 마음뿐일까요? 쓰라림과 소외에는 죽음이 깃들어 있다고 우리에게 속

삭이는 것이 양심뿐일까요? 늘 그렇듯 비루하거나 무서운 이야기를 상세히 전하는 저녁 뉴스를 듣노라면, 믿는 사람에게도 하나님이 아이의 꿈처럼 막연하고 무력하게 느껴집니다. 그러나 그렇지 않은 때도 있습니다. 초라함과 두려움의 이면에 거룩함이 깊이 자리 잡고 있고, 어둠의 중심에 설명할 수 없는 빛이 있다는 느낌이 전혀 예상치 못한 순간에 생명 자체만큼이나 강하게 찾아올 때가 있습니다. 우리가 감사해야 할 대상은 인간 정신의 변덕스러운 동요뿐일까요? 우리는 스스로 대답해야 하고 스스로 기억해야 하고, 각자 자기 설교를 자신에게 해야 합니다. 그러나 다윗왕은 "놀라운 일을 기억하라"고 노래합니다. 우리가 깊이 참되게 기억한다면 누구에게 감사해야 하는지, 감사함과 기억함이라는 그 방에 평화가 있음을 알게 될 테니까요.

그제야 소망이 있습니다. 그때 마침내 소망이 무엇인지, 소망이 어디에서 나오는지 알게 됩니다. 이 소망은 믿음의 추진력이자 믿음의 가장자리입니다. 소망은 과거에 무릎을 담그고 버티고 서서 미래를 계속 바라보는 것입니다. 지나간 시간에 하나님은 언제나 우리 힘을 넘는 힘과 우리 지혜를 넘는 지혜로 우리 곁을 지키셨습니다. 우리가 하나님을 믿는 사람이건 아니건, 우리 마음을 시들게 하여 우리를 인간 이하가 되게 하는 모든 것에도 불구하고 최소한 품위를 유지하며 버티게 해 주는 그 무엇으로 항상 함께하셨습니다. 과거를 기억하는 것은 우리가 은혜로 오늘 여기 있음을, 우리가 살아남은 것이 선물임을 깨닫는 것입니다.

그러면 그것이 미래에 어떤 의미가 있을까요? 우리는 미래에 무엇을 바라야 할까요? 인간적으로 말하면, 우리는 인간으로서 최선을 바랍니다. 남은 나날을 평화 비슷한 것을 누리며 사랑하는 사람들과 함께 살기를 바라지요. 최고의 꿈이 실현될 수 없다면 적어도 최악의 두려움이 현실이 되지 않기를 바랍니다. 자신의 삶과 관련된 무엇이 어딘가에서 작게나마 유익한 변화를 이루어 내기를 바랍니다. 우리 인생이 끝날 때, 그간의 작은 선행으로 한동안 기억되기를 바랍니다. 이것이 우리의 인간적 소망입니다. 그러나 '기억하라'는 이름의 방에는 이것을 넘어서는 무언가가 있습니다.

"주님께서 이루신 놀라운 일을 기억하여라." 다윗은 그렇게 찬양합니다. 하나님이 우리 각 사람의 삶에서 행하신 일을 기억하십시오. 더 나아가 하나님이 이 세상에서 행하신 일을 기억하십시오. 무엇보다 하나님이 그리스도 안에서 행하신 일을 기억하십시오. 이해력은 부족했지만 뜨거운 갈망에 힘입어 그리스도와 같은 삶이 유일하게 의미 있는 삶이고 그 외의 모든 삶에는 죽음만 가득하다는 것을 엿보았던 인생의 순간들을 기억하십시오. 그리스도께서 사람들을 통해 무수한 모습으로 우리를 찾아오신 순간들을 기억하십시오. 그리스도의 능력에 힘입은 사람들이 이러저러한 식으로 우리를 강하게 하고, 우리를 위로하고, 우리를 치유하고, 우리의 잘못을 지적하던 때를 기억하십시오. 이 모든 일은 과거입니다. 이 모두가 기억해야 할 내용입니다. 이것이 과거이고, 이것을 기억하기 **때문에**, 우리에게는 고귀하고 거룩한 소망이 있습니다. 하나님이 이미 행하신 일을 계속 행하실 거라는 소망, 하나님이 우리와 세상 안에서 시작하신 일을 우리가 상상도 못할 방식으로 완성하시고 실현하실 것이라는 소망입니다.

다윗은 "바다와 거기에 가득 찬 것들도 다 크게 외쳐라. 들과 거기에 있는 모든 것도 다 기뻐하며 뛰어라.…숲 속의 나무들도 주님 앞에서 즐거이 노래할 것"_{대하 16:32-33, 새번역}이라고 말합니다. '할 것이다'에는 소망이 담겨 있습니다. 그날에는 더 이상 죽음이 없을 것이고, 통곡하는 일도, 우는 일도 없을 것입니다. 그때 저는 그분을 예전부터 잘 알던 사람으로 만날 것입니다. 그때 그분의 나라가 마침내 임할 것입니다. 그분의 뜻이 우리 안에, 우리를 통해, 우리를 위해 이루어질 것입니다. 그때 숲의 나무들은 즐거이 노래할 것입니다. 나무들은 이미 바람이 불어올 때 작게나마 노래하고 이 거룩한 소망을 품은 우리 마음 역시 그 노래 아래서 이미 조금이나마 노래합니다.

▼ ▼ ▼

과거와 미래. 기억과 기대. 기억하고 소망하십시오. 기억하고 기다리십시오. 그분을 기다리십시오. 우리 모두 그분 얼굴을 압니다. 과거 어디선가 그 얼굴을 희미하게 보았기 때문입니다.

우리 모두 그분의 생명을 갈망합니다. 과거 어디선가 누군가 그렇게 사는 것을 보았기 때문입니다. 어쩌면 우리가 그렇게 살았던 순간이 있기 때문인지도 모릅니다. 그분을 기억하십시오. 옆에서 죽은 강도를 기억하겠다고 약속하신 그분이 친히 우리를 기억하십니다. 믿음을 갖는다는 것은 기억하고 기다린다는 것이며, 소망 중에 기다린다는 것은 우리의 소망함을 통해 소망의 내용이 우리 안에서 실현되기 시작한다는 의미입니다. 하나님을 찬양하십시오.

기억의 마법

나야 할머니를 마법왕국에 모셔온다. 나야 할머니는 1961년 아흔넷의 나이로 돌아가신 내 외할머니다. 그녀는 초록색의 서재 카펫을 가로질러 와 창 앞에 서시더니 창밖 개울 건너 아내의 채소밭과 그 뒤로 오르막을 이루는 목초지를 바라보신다. 목초지 사이 흙길은 언덕 위의 사탕단풍 숲으로 이어진다.

마법왕국은 내 피난처이자 안식처다. 내가 일을 하는 곳이요, 꿈꾸던 공간이자 꿈꾸는 곳이다. 처음에 이곳을 마법왕국이라고 부른 것은 디즈니랜드와 오즈의 나라를 절반씩 떠올린 일종의 농담이었다. 그러나 지금은 그대로 이곳 이름이 되었다. 마법왕국은 작은 방과 집필실과 서재로 이루어져 있다. 입구에 해당하는 작은 방에는 가족 기록물이 보관되어 있고, 집필실에는 책상과 집필 용구가 있다. 서재는 그중 가장 큰 공간이다. 서재 벽에는 창 있는 곳을 제외하고 책장들이 천장까지 닿은 채 늘어서 있고, 그 책장들과 직각으로 세운 어깨높이 책장들이 공간을 크게 양분하고 있다. 하지만 어깨높이 책장과 맞은 편 책장까지 2.5미터 정도 공간이 있기 때문에 서재는 여전히 하나의 긴 방처럼 보인다. 이곳에는 너무나 멋진 책들이 있어서 나는 사람들이 처음 이곳에 들어설 때 나처럼 흥분하고 전율하리

라 기대한다. 하지만 그런 사람은 드물다. 대부분 책을 잘 모르
거나 책에 큰 관심이 없어서 자기들 눈앞에 있는 것이 무엇인지
도통 모르기 때문이다.

그것들은 내가 평생 모은 책이다. 시작은 하워드 R. 개리스
가 쓴 엉클 위글리 시리즈였다. 1932년, 불쌍한 어머니는 당시
여섯 살이던 내 성화를 못 이겨 《엉클 위글리의 아이스크림 파
티》를 찾아 워싱턴 D.C.를 온통 뒤졌지만 찾지 못하셨다. 그로
부터 60년이 지나 마침내 그 책을 구했고 세트 전권을 갖추게
되었다. 오즈 시리즈 초판도 다 있는데, 그중 일부는 내가 어릴
때 읽던 책이다. 그 안에 휘갈겨 놓은 '프레비 비크너'는 b와 d
가 헷갈리던 내 어린 시절의 산물이다. 《이상한 나라의 앨리스》
와 《거울 나라의 앨리스》 초판도 있다. 1932년에 실존인물 앨
리스가 노부인이 되어서, 루이스 캐럴 탄생 100주년을 맞아 컬
럼비아대학에서 명예박사학위를 받으러 미국에 왔을 때 직접
서명한 이후 판본들도 있다. 앨리스는 박사가운 안쪽에 장미와
은방울꽃 코르사주를 달고 있었고, 명예박사학위 수락연설에
서 "남은 날이 그리 많지 않을지도 모르지만 끝까지" 이 명예를
귀하게 여기겠다고 말했다. 앨리스는 1934년에 여든둘의 나이
로 죽었다. 녹색 면지를 달고 존 리치의 4색 에칭 삽화가 실린,
디킨스의 제니 렌*Jenny Wren처럼 작고 갈색인 《크리스마스 캐

▶   디킨스의 소설 *Our Mutual Friend*에 등장하는 인물. 장애가 있지만 상류층 사람들의 인형
옷을 만들면서 실질적 가장 역할을 하던 아이.

릴》1843년 초판도 있다.《모비딕》초판도 있는데, 표지가 고서 카탈로그 안내 글의 변명조 문구처럼, 전체적으로 "흔히 그렇듯 적당히 변색되고" 낡은 자줏빛 갈색 헝겊으로 되어 있다. 랜슬롯 앤드루스, 제레미 테일러, 존 던의 설교집을 포함한 17세기 2절판 책도 많다. 2절판은 1956년에 영국에서 받게 된 인세로 아내와 내가 영국으로 신혼여행을 떠나면서 구입하기 시작했다. 노스가 번역한《플루타르코스 영웅전》, 플로리오가 번역한《몽테뉴 수상록》, 1692년에 나온 벤 존슨의 첫 번째 전집도 있다. 벤 존슨 전집에서 18세기 필체로 적힌 '조 스위프트, 새로운 대학Jo: Swift, Coll Nova'이라는 서명을 발견하고서 나는 너무 흥분해서 제정신이 아니었다. 몇 년 후 나는 영국박물관을 통해 그 서명의 주인공이 내가 간절히 바라던 대로 위대한 조너선▶이 아니라 열다섯 살 나이에 옥스퍼드 뉴칼리지에 입학한 존 스위프트라는 사실을 알게 되었다.

서재 벽에는 나의 영웅들 중 몇 명의 자필서명을 액자에 넣어 걸어 놓았다. 초상화가 사전트가 친구 헨리 제임스의 칠순 생일에 그려 준 헨리 제임스 초상화 사진도 걸려 있다. 그 사진에는 사전트와 거장 제임스의 서명이 있는데, 제임스는 충직한 지지자들에게 자기 초상화 사진을 나눠 주었다. 그 옆에는 앤터

▶ 《걸리버 여행기》의 작가 조너선 스위프트. 영국의 옥스퍼드대학과 케임브리지대학을 모델로 엘리자베스 1세가 설립하여 아일랜드 더블린에 기부한 '새로운 대학' 트리니티대학 출신이다.

니 트롤럽이 할머니 안경을 쓰고, 오래된 소파 속이 삐져나온 것처럼 얼굴에 난 구레나룻 사이로 찡그린 채 찍은 명함판 사진이 있는데, 사진 밑에 "아주 충실하게Very faithfully"라는 문장과 함께 서명을 해 놓았다. 헨리 제임스가 편지에서 "내내 게걸스럽게 먹고 노려본다"고 묘사한 바 있는 바로 그 모습이다. 마크 트웨인의 적갈색 캐비닛판 사진도 있는데, 아래쪽 여백에는 무슨 의미로 썼는지 알 수 없는 "인간 환경이 기후를 만든다"는 글이 적혀 있다. 그리고 금빛 사진틀에 붉은 다마스크를 덧댄 16세기 양피지 윗부분이 들어 있다. 유일한 진짜 엘리자베스 여왕인 엘리자베스 1세가 이름 모를 누군가에게 플랑드르 출장을 허가하는 문서다. 출장이 끝나자 문서는 네 줄의 아가미 같은 표시와 함께 효력을 잃었고, 여왕은 문서 상단에 'Elizabeth R'이라고 서명했다. 여왕의 서명과 문서의 첫줄 사이에는 자유롭게 구불구불하게 그은 선이 두 개 있다. 아내와 나는 여왕이 E와 Z와 R의 밑바닥과 b의 가로선 윗부분에서 획이 깃발처럼 펄럭이며 크고 거침없이 돌아갈 때 잉크가 튀지 않도록 깃펜을 시험한 표시일 거라고 오래전에 의견일치를 보았다.

내가 묘사를 이어가는 동안 나야 할머니는 방 끝에 있는 큰 창 옆에서 서서 기다리신다. 창틀에 돌멩이가 하나 놓여 있는데, 내가 어느 여름날 성 고드릭을 기리며 북해 아우터파른섬으로 순례를 갔을 때 발견한 것이다. 섬에 올라 첫발을 디딘 바위 틈에 박혀 있었다. 12세기에 고드릭은 배를 타던 선원 시절에 그 섬에 자주 들렀다. 나는 여러 해 전에 고드릭에 관한 소설을 썼다. 소설에는 고드릭이 섬을 처음 방문하여 사백 년 전에 죽은 성 커스버트를 만나는 장면이 나온다. 커스버트는 고드릭이 도착하기 오래 전부터 고드릭이 올 줄 알고 있었다며 이런 설명을 내놓는다. "사람이 집을 떠날 때, 마음 한 조각을 두고 나오지. 그렇지 않나, 고드릭?…사람이 어딘가로 갈 때도 마찬가지야. 가기 전에 마음 한 조각을 미리 보낸다네." 주머니칼을 지렛대 삼아 돌멩이를 간신히 꺼내고 보니 틀림없는 하트 모양이어서 감탄이 나왔다. 나는 돌 뒷면에 커스버트의 설명을 스카치테이프로 붙여 놓았다. 방을 양분하는 어깨높이 책장 중 하나에는 리어왕이 하인으로 변장한 오랜 친구 켄트와 의사, 코델리아 앞에서 광기에서 깨어나는 장면을 형상화한 존 로저스의 조각상을 올려놓았다. 조각상 받침돌에는 리어왕이 코델리아의 이마로 손을 뻗으며 한 말이 새겨져 있다. "너는 혼령이겠지. 언제 죽었느냐?" 창문 턱에는 내 어린 시절 친구인 시인 제임스 메릴의 청동 두상도 놓여 있다. 그 동상을 제작하던 1948년 여름, 우리는 메인 조지타운섬에 있는 어느 집에서 같이 살았다. 지미는 《첫 시집First Poems》을, 나는 내 첫 소설 《긴 하루의 죽음Long Day's Dying》을 쓰고 있었다. 우리 친구 모리스 레빈이 내가 아니라 지미를 모델로 불멸의 조각상을 만든 것에 다소 발끈한 기억이 나지만 지금은 그때의 섭섭함을 극복했다.

91 　　나야 할머니는 80대 후반이었을 때와 똑같은 모습으로 창

가 안락의자에 앉아계신다. 예이츠가 〈청금석Lapis Lazuli〉에서 나이든 중국인들에 대해 쓴 것처럼, 할머니의 "눈, 많은 주름 사이의 그 눈", "그 늙고 빛나는 눈은 환희에 차 있다." 머리는 거북이 등껍질 핀 몇 개로 고정하여 느슨하고 둥글게 말아 올렸고, 머리카락 몇 가닥이 흘러내려와 있다. 검은 옷에는 다이아몬드 핀이 꽂혀 있다. 한 손 손바닥을 위로 한 채 의자 팔걸이 위에 걸치고 엄지와 중지를 부드럽게 비빈다. 뭔가 일이 벌어지기를 기다릴 때 자주 보여 주시던 모습이다.

나야 할머니가 말씀하신다. "지미는 내가 알던 혼령이었다. 언제 죽었니?"

지미는 1995년 2월 6일에 죽었다. 죽기 전날, 애리조나의 병원에서 전화 세 통을 걸은 듯하다. 자기 어머니, 예전 정신과 의사인 디터 박사, 그리고 내가 통화상대였다. 호흡이 좀 힘겨운 것 외에는 목소리가 멀쩡했다. 지미는 집에서 멀리 떨어진 곳에 있어서 자신에게 일어난 일로 인해 "숨 막히는 관심을 받지" 않아 기쁘다고 했다. 많이 아프지는 않다고, 아침 일찍 웰치스 포도주스 셔벗을 좀 먹었는데 너무 맛있어서 더 달라고 말했다고 했다. 그리고 자기 어머니와 연락하고 지내고 내 아내에게 안부를 전해 달라고 했다. 내가 세게 기도하겠다고 하자 지미는 "그게 내가 자네에게 바라는 거야"라고 말했다. 지미는 나를 '가장 절친한 친구'라고 불렀는데, 예전에 나를 그렇게 부른 적이 있는지 기억이 나지 않았다. 다음날 아침에 지미의 상태를 알아 **92**

보려고 전화했다가 몇 시간 전에 죽었다는 말을 들었다. 그제야 나는 지미가 작별인사를 하려고 전화했음을 깨달았다. 그후 내가 딛고 선 땅이 더는 튼튼하고 단단하게 느껴지지 않았다.

나야 할머니가 말씀하신다. "가여운 것. 그 아이가 전시에 크로프트 기지에서 기본훈련을 받을 때 주말외박을 받으면 트라이언에 와서 우리와 함께 시간을 보내던 기억이 나는구나. 그 아이는 우리가 그 해에 빌려 살던, 어둡고 작은 오두막에 딸린 시원찮은 피아노로 가끔 모차르트 곡을 연주해 주었다. 콧등으로 안경이 자꾸만 흘러 내렸어. 우리는 프루스트와 엘리너 와일리 이야기를 했고, 네 삼촌 조지 윅은 그 아이가 화성에서 온 방문자인 듯이 그 말에 귀를 기울이며 다이키리를 자꾸 권해서 앞도 못 볼 만큼 취하게 만들었지. 이승에서 그 아이보다 더 육군 병사로 어울리지 않는 사람이 있었을까?"

내가 말한다. "보병훈련 기간에 지미가 끔찍한 행군에 대한 편지를 써 보낸 적이 있어요. 지독히 더운 날이었고 완전군장을 한 채로 철모에다 M-1 소총에 총검까지 꽂고 있었대요. 황톳길 옆에 얼굴이 더러운 어린 소녀가 맨발로 서 있었는데, 지미 말이 자기가 그 아이 앞을 지나갈 때 아이가 복숭아를 하나 건네주자 눈물이 터졌다고 했어요."

나야 할머니가 뜨개가방에서 담배 한 개비를 꺼내어 입술 한복판에 꽂으신다. 내가 완전히 잊고 있던 할머니의 어마어마한 지포라이터가 금속성 소리와 함께 열리고 라이터 연료 냄새

가 확 풍기며 불꽃이 높이 솟구친다. 담배연기가 햇빛을 받은
나야 할머니의 머리 주위로 피어오르고 할머니는 이렇게 읊조
리신다. "나 지나가며 그녀를 한번밖에 보지 못했지만, 죽을 때
까지 그녀를 사랑하리라."

"사랑하는 할머니, 정말 거기 계실 수 있는 건가요, 아니면
제가 그저 꿈을 꾸는 것뿐인가요?" 내가 묻는다. 할머니는 눈을
가늘게 뜨고 나를 바라보며 희미한 미소와 함께 선상도박사 같
은 표정을 지어 보이신다.[3]

▾ ▾ ▾

나의 질문에 대한 답변은 '그렇다'이다. 할머니는 정말 거기 있
을 수 있다. 내가 정말 바라고 제대로 부르기만 하면, 지구상 누
구든, 그 장소가 어디든 거기에 있을 수 있다.

나는 할머니에게 말한다. "요즘 죽는 것에 관해 생각을 많이
해요. 내게 남은 시간이 얼마나 될지도 자주 생각해요. 그런 생
각에 가끔은 슬퍼지지만 늘 그런 것은 아니에요. 죽은 이후에
무엇이 찾아올지 궁금해하다보면 슬픔이 사라지기도 하구요.
무엇인가 있다면 말이에요."[4]

▾ ▾ ▾

나야 할머니는 뜨개질할 때 표정으로 양말 한 짝을 뜨고 있다.
눈썹이 살짝 올라가고 입술을 꼭 다문 얼굴.

내가 말한다. "이미 항해를 시작하셨잖아요. 거기에 대해 해주실 말씀 있어요?"

할머니는 안경 너머로 나를 바라보시더니 뜨개바늘을 내려놓으신다.

"가엾고 무지한 손자야. 내가 양말 뒤꿈치를 뜰 때는 그런 질문을 해선 안 된다는 걸 모르니?"

할머니 무릎에 놓인 털실 뭉치가 떨어져서 녹색 카펫을 가로질러 내 쪽으로 굴러온다. 나는 털실 뭉치를 집어서 그녀의 무릎 위에 다시 올려놓는다.

"누군가가 네 삼촌 짐에게 어느 친구가 떠났느냐고 물었대. 그래서 아무도 흉내 낼 수 없는 방식으로 이렇게 대답했다는구나. '떠나? 세상에, 그 친구는 죽었어.' 그때 네 삼촌이 어떤 심정이었는지 알겠구나. 나는 '떠난다'가 바보 같은 말이라고 늘 생각했단다. 뒷간을 화장실이라고 부르는 것도 마찬가지야. 아니 변소를 뒷간이라 부르는 것도 다르지 않지. 나는 죽음을 두고 '떠난다'고 하는 것도 아주 오해의 소지가 있다고 말하려고 여기 있는 거란다."

할머니는 "떠나고 사라지는 건 세상이야" 하시며 그 말과 함께 한손을 우아하게 흔들어 세상이 어떻게 사라지는지 보여 주신다. 손에 낀 사파이어 반지가 햇빛에 반짝인다.

"내가 시설에서 로열 부인이 배정해 준, 정원이 내다보이는 어둡고 작은 방에 누워 있을 때 말이다. 네 엄마나 루스가 거의 매일 들러서 미실다인 상점에서 들은 동네 이야기를 전해 주었지. 다들 그 상점에서 우편물을 찾고 나면 함께 모여 콜라를 마시고 미스 캡스가 어깨 너머로 그림엽서를 읽곤 했잖니. 그런데 그렇게 누워 지내다 보니 세상의 속도가 점점 느려지는 게 느껴지더구나. 그러다 어느 저녁, 아쉽게도 내가 이름을 잊어버린 매력적인 간호사가 불을 끄고 집에 갈 준비를 하고 있을 때였어. 마침내 내가 내릴 수 있을 만큼 세상이 충분히 느려졌다는 걸 알겠더구나. 그래서 바로 내렸단다. 그건 전차가 완전히 멈추기 전에 내리는 것과 비슷했어. 노면에 처음 발이 닿으면 충격이 좀 있고, 그 다음에 세상은 종을 치고 나 없이 궤도를 따라 덜컹이며 달려가는 거야. 머틀, 간호사의 이름은 불행히도 머틀이었어. 하지만 큰 위안을 주는 사람이었지."

할머니는 눈을 감고 아무 말 없이 시의 일부를 기억에서 불러내려고 애쓰신다. 그러다 여전히 눈을 감은 채 운율에 맞추어 가느다란 손가락으로 의자 팔걸이를 두드리며 시를 읊으신다.

그리고 오 사키, 그녀처럼 너도
별처럼 풀밭에 흩어져 있는 손님들 사이를 지나가리라.
그리고 너의 즐거운 심부름 도중에 내가 정해 놓은 지점에
이르거든―빈 잔을 거절하여라.

"아름답고 슬픈 생각이지만 사실 내겐 어떤 슬픔도 없었단

다. 내가 느낀 것은 놀라움이었어. 그 무렵 나는 너무 오랜 세월을 살아서 내가 죽으려면 일종의 변사를 당하는 수밖에 없을 것 같았거든. 애쉬빌로 가는 나선형 도로에서 정면충돌 사고가 난다든지 번개를 맞는다든지 해야 할 것 같았지. 그런데 야간등이 켜지고 친절한 간호사가 옆에 서 있는 침대에서 내가 죽은 거야. 그보다 더 평화로운 죽음은 없었을 거다. 그래서 난 깜짝 놀랐단다."

내가 말한다. "그 소식을 들었을 때 저는 엑서터의 이층 제 책상에 앉아 있었어요. 몸을 앞으로 숙이고 타자기 위에 머리를 대고 있는 동안 눈물이 자판 속으로 떨어지던 게 생각나요."

"문학에 뜻을 품은 젊은이가 바칠 수 있는 적절한 헌사로 구나."

"거의 사십 년 전 일이에요. 할머니가 그립지 않았던 날이 하루도 없었던 것 같아요."

"우리는 천생연분이었지. 나는 말하는 걸 좋아했고 너는 듣는 걸 좋아했으니. 네가 붉은 베레모를 쓴 꼬마였을 때도, 내가 계속 떠벌리는 동안 너는 눈을 접시처럼 동그랗게 뜨고 거기 앉아 있었지."

"지금 계신 곳이 어디건 그 얘기를 해 주세요. 죽어 있다는 게 어떤 건지 계속 말해 주세요."

97

▼ ▼ ▼

나야 할머니의 두 딸 중 맏이였던 내 어머니는 다른 많은 것들에 대해 그랬던 것처럼 죽음에 대해서도 이야기하기를 거부했다. 한번은 내가 어머니에게 잔고를 확인하면서 수표를 써야지, 계좌 잔고보다 더 많은 액수로 수표를 쓰면 영원히 끔찍한 결과를 맞을 거라고 말한 적이 있다. 그런데 내가 잔소리를 시작하자마자 어머니는 한마디도 듣지 않으려고 두 손으로 양쪽 귀를 막았다. 어머니는 이미 죽은 사랑하는 사람들, 이를테면 나야 할머니에 대해 말하는 것조차도 거부하셨다. 그 이야기를 하면 너무 슬퍼진다고 하셨다. 어머니의 뉴욕 아파트에는 은색 액자, 가죽 액자, 빅토리아풍의 라인석 액자나 모자이크 유리 액자에 담긴 사진들이 가득했지만, 전부 살아 있는 사람들 사진뿐이었다. 한번은 버몬트에서 어머니에게 내가 찾아낸 외할아버지 젊은 시절 사진을 보여 드렸더니 잠깐도 쳐다보지 못하셨다.

그러나 어느 날, 우리가 그냥 이런 저런 이야기를 나누던 중에 어머니가 갑자기 나를 보시더니 느닷없이 이렇게 말씀하셨다. "죽으면 무슨 일이 **벌어진다**고 정말로 믿니?" 그 순간 어머니는 좀처럼 볼 수 없는 방식으로 당신을 드러내셨다. 어머니는 더는 무대에 있지 않았다. 배역을 연기하고 있지 않았다. 잠시 무대에서 내려와서 대본에 없는 말을 하셨다. 그 순간 어머니의 얼굴은 그날 아침 화장 거울 앞에서 립스틱, 파우더, 눈썹연필로 솜씨 좋게 꾸민 얼굴이 아니라 본인의 진짜 얼굴이었다.

한때는 주름장식 많은 하얀 옷을 입고 무릎에 꽃다발을 올려놓고 앉은 어린 소녀였던 어머니도 세월을 지나오신 터였다. 무릎 관절염이 심한 팔십 대 노인이 되었고 많은 보청기 중에서 그날그날 보청기를 골라서 하셨다. 그런데 보청기가 많아도 별로 도움이 되진 않았던 것 같다. 어머니는 들리지가 않아서 들을 수 없는 것이 아니라 듣고 싶지 않은 것이 너무 많아서 듣지 않기로 선택하신 것 같다는 생각이 늘 들었다. 어머니에게 뭔가 전달하려면 목청껏 소리를 높여야 했다. 그래서 어머니의 물음에 나는 **"그래요!"** 하고 대답했다. **"뭔가 일이 벌어진다**고 믿어요" 했다. 그러나 소리쳐서는 말할 수 없는 것들이 있고, 내가 평소 목소리로 내가 믿는 바와 그렇게 믿는 이유를 좀 더 말하려고 하자마자, 어머니에게는 그 말이 들리지 않을뿐더러 귀 기울이고 있지도 않다는 것을 알 수 있었다. 그런 질문을 했다는 것만으로도 어머니가 감당할 수 있는 한계에 이른 것 같았다.

그래서 나는 나중에 집으로 돌아와 편지로 그 질문에 답하려고 했다. 어머니에게 이렇게 편지를 썼다. 나는 사람이 죽으면 자신의 삶을 다시 돌려받는다고 믿어요. 어떤 식으로 그렇게 되는지 어머니만큼이나 나도 모르지만, 그렇게 믿는 이유가 세 가지 있어요. 첫째, 내가 만약 하나님이고 내가 창조한 사람들을 사랑하고 그들이 결국 자신들의 소질을 최대한 발휘하는 존재가 되기를 원한다면, 최고의 상황에서 그들이 이루었을 일이 일부만 이루어진 채 잊힌다는 것은 생각도 할 수 없거든요. 둘째, 종교적 고려와는 상관없이, 나는 그것이 옳다고 느껴져요. 그것이 옳은 일임을 직감해요. 피해자와 가해자, 지혜로운 자들과 어리석은 자들, 착한 사람과 비정한 사람들이 모두 결국 무덤에서 똑같은 결말을 맞고 그것으로 모든 것이 끝난다면 삶은 블랙코미디일 거예요. 하지만 저는 최악의 상황에서도 삶이 블랙코미디로 **느껴지지** 않아요. 삶은 **신비예요.** 삶의 그 깊고 깊은 핵심에서는 거룩함이 있고, 우리는 주변과 우리 내면 양쪽에서 벌어지는 참사를 참사로 경험해요. 원래 인생이 그런 거라고 생각하지 않아요. 마음 가장 깊은 곳에서 우리는 거룩함에 속하고, 그 거룩함에서 비극적으로 떠나는 것이 참사의 본질이기 때문이에요. 끝으로, 나는 우리가 죽은 후에 영원히 죽지 않게 된다고 믿어요. 예수님이 그렇게 말씀하셨거든요.

예수님은 어머니가 화제로 삼고 싶어 하지 않을 또 다른 죽은 사람이었고, 내가 그분의 권위를 들먹이는 일에 어머니가 어떻게 반응하실지 알 수 없었다. 나는 어떤 면에서 예수님은 다른 사람들과 똑같은 인간이었기 때문에 다른 사람들처럼 많은 사안에 대해 틀릴 수 있고 아마도 당시 다른 모든 사람들처럼 세상이 평평하다고 생각하셨을 수도 있다고 썼다. 그러나 예수님이 십자가에 같이 달린 착한 강도에게 "오늘날 네가 나와 함께 낙원에 있으리라"고 말씀하셨을 때, 모든 사람 중에서 그분만 그 말의 의미를 분명히 아셨다는 데 내가 가진 모든 것을 걸 **100**

겠다고 썼다. 그분은 인간이셨지만, 다른 한편으로는 그 이상으로 헤아릴 수 없는 존재였기 때문이다.

그런 편지를 내 어머니 같은 분에게 쓴다는 건 도무지 생각하기 힘든 일이었지만, 그 모든 내용을 어머니에게 소리쳐서 전하기는 불가능했으므로 어쨌거나 편지를 부쳤다. 몇 주 후에 그 편지에 대해 여쭈어 보았더니, 어머니는 편지를 읽고 울었다고 하셨다. 내가 쓴 내용 때문에 우신 것 같지는 않다. 아니, 어머니가 편지를 끝까지 읽으셨는지도 의심스럽다. 편지를 받고 죽음에 대한 자신의 원래 질문이 떠올라서 우신 게 아닐까. 말씀은 안 하셨지만 어머니의 눈물은 자신의 죽음이 그리 멀지 않았음을 알았기에 죽음에 대해 물었다는 비애감과 관련이 있는 것 같다.

내 기억에 어머니가 우시는 모습을 본 것은 한 번 뿐이다. 오십 대 후반에 윗니를 대부분 뽑아야 했을 때, 그 고생을 하고 집에 돌아와서 어머니는 침대에 쓰러지듯 엎드려 한 시간이 넘게 눈이 퉁퉁 붓도록 우셨다. 세상이 끝난 것 같은 심정이었을 것이다. 1936년에 아버지가 자살했을 때 아버지는 서른여덟 살, 어머니는 마흔 살이셨다. 그때 어머니가 우셨는지는 몰라도 나는 그 모습을 보지 못했다. 아버지가 떠나고 반세기 넘는 시간이 흐르는 동안 어머니가 드물게 아버지 이야기를 하실 때도 울음을 참고 있다는 느낌은 없었다. 다른 사람들의 슬픔은, 비록 사랑하는 이들의 슬픔이라도 어머니에게 영향을 주지 못하는 것 같았다. 그 이유는 모르겠다. 어머니 성격이 차갑지는 않았다. 여러 면에서 따뜻하고 공감할 줄 알고 너그러우셨다. 하지만 이런저런 이유로 본인의 가장 어두운 구석과 다른 이들의 고통에는 끝까지 마음을 열지 않으셨다.

▼ ▼ ▼

왜 나야 할머니처럼 어머니도 내 마법왕국으로 모셔다가 그에 관해 여쭤 보지 않느냐고? 무엇보다 두려워서인 듯하다. 어머니가 뭐라고 하실지 두렵다. 내가 무슨 말을 할지 두렵다. 나는 어머니가 두렵다.

이전에 쓴 회고록 《비밀을 말하다 *Telling Secrets*》는 뉴욕의 어느 호텔 연회장에 모인 몇 천 명 청중 앞에서 세 번 연속 강연으로 처음 발표했다. 그 회고록에서 나는 어머니에 대한 여러 비밀과 그분에 대한 내 복잡한 심경이 담긴 비밀들을 많이 털어놓았다. 어머니가 살아 계실 때는 엄두도 내지 못한 일이었지만, 내가 아는 어머니의 모습을 최대한 정직하게 그려냈다. 어머니가 마지막 삼십 년 간 사셨던 뉴욕의 아파트와 아흔두 살을 조금 못 채우고 죽음을 맞으신 방을 묘사했다. 화장품과 화장도구가 가득하던 화장대, 책상에 놓인 약들, 모조 표범가죽 덮개 위로 작은 베개 수십 개가 놓인, 등받이가 젖혀지는 긴 의자, 구슬로 장식한 빅토리아풍 방석, 영화잡지들. 나는 푸른 눈에 아름다운 외모로 태어난 것이 어머니의 저주였다고, 늘 느끼던 바를 말했다. 그렇게 태어난 어머니는 사람들의 마음을 얻으려고 특별히 친절하거나 사랑을 베풀 필요가 전혀 없었다. 사람들은 어쨌거나 어머니에게 끌렸기 때문이다. 나는 아버지와 아버지의 죽음에 대해 말했고 아버지와 어머니의 결혼에 대해서도 말했다. 내가 털어놓은 어머니의 비밀은 그리 많지 않고 아주 끔찍하지도 않았지만, 그 모두는 어머니가 거의 한 세기 동안 세상에 숨겨 왔을 뿐 아니라 많은 시간 어머니 본인에게도 숨겨 온 비밀이었다. 낯선 사람들로 가득한 그 거대한 연회장 강단에 서서 그 비밀들을 털어놓으면서 나는 어머니가 총을 들고 그 자리에 나타나신다면 분명 눈 하나 깜짝하지 않고 나를 쏘아 죽였을 거라는 느낌이 들었다.

내가 어머니를 마지막으로 본 것은 돌아가시기 두어 달 전이었다. 어머니는 침대에 똑바로 앉아 계셨다. 전에 없이 흰머리를 그대로 두셨고 화장도 거의 하지 않으셨다. 어머니는 나를 보지 않고 이불을 내려다보면서 말씀하셨는데, 주로 갖가지 통증과 아픔, 불면의 밤들, 타는 듯 아픈 발, 아침마다 몇 시간씩 분을 칠하고 콜드크림을 발라서 가려야 하는 얼굴의 붉은 얼룩이 화제였다. 어머니는 그 모두를 묘사하며 '극심한 고통'이라는 표현을 쓰셨는데, 나는 그것이 어머니 특유의 과장이라고 생각했다. 어머니는 잠이 안 와 위스키와 신경안정제를 달라고 해도 안 준다며 밤에 와서 지켜 주는 여자를 맹비난하셨다. 그리고 야비하게 당신을 무시한다며 내 동생 역시 맹비난하셨다.

내가 야간에 근무하는 여자분은 의사의 지시를 따를 뿐이고 동생만큼 헌신적인 노예는 세상에 없다고 지적하자, 어머니는 몹시 화를 내셨다. 내가 늘 그렇듯 전혀 공감하지 못한다고 말씀하셨다. 아무 일에도 어머니 편을 들지 않는다고 하셨다. "넌 왜 나를 미워하니?" 내가 어머니를 미워했다면 버몬트에서 여기까지 오지 않았을 거라고 이의를 제기하자 이렇게 대답하셨다. "그거야 어미에게 고통을 주기 위해서일 뿐이고, 지난번 버몬트에서 함께 돌아올 때 화장실에 가고 싶다고 해도 넌 차를 세우지 않았어." 나는 갑자기 나도 모르게 어머니 방을 박차고 나왔다. 너무나 화가 나서 되돌아가지 않을 수도 있었다. 그랬다면 우리의 마지막 만남은 암울하게 끝났을 것이다. 자리를 뜨면서 나는 어머니의 얼굴에서 기묘한 만족의 표정을 보았다. 나를 약 올리는 데 성공했다는 뜻이었다. 내 신경을 긁어서 방금 내가 부인한 것과는 달리 내가 어머니를 미워한다는 사실을 입증해 낸 것이었다.

그러나 그 순간 어떤 천사의 조화인지 나는 발걸음을 멈추었다. 어머니는 늙으셨다. 허물어지고 있었다. 어머니의 세계도 마찬가지였다. 극심한 고통이란 표현은 내가 생각했던 것보다 진실에 가까운 것일 수도 있었다. 그래서 나는 잠시 후 되돌아갔고, 우리 둘 다 방금 일어난 일을 언급하지 않았다. 우리는 잠시 대화를 나누었다. 몸집이 작은 담당의사가 나타나 관절염 때문에 멜론 크기만큼 부어오른 어머니의 한쪽 무릎을 붕대로 싸

땠다. 그 다음 내가 마침내 가려고 하자 어머니는 이렇게 말씀하셨다. "너는 늘 나의 영웅이었단다."

"넌 왜 나를 미워하니?"와 "너는 늘 나의 영웅이었단다." 이 두 가지가 어머니가 내 얼굴을 보면서 하신 말씀 중에서 내가 기억할 수 있는 가장 마지막 말씀이다.

▼ ▼ ▼

"왜 이런 사적인 일들을 말하는 거니?" 어머니가 물으신다. 이번에는 비난하는 말투가 아니다. 소리를 낮춘 친밀한 어투.

내가 말한다. "그래서 잊으려는 걸까요? 기록으로 남겨서 잊을 수 없게 하려는 걸까요?"

"내가 죽었다는 소식을 들었을 때 너는 타자기에 이마를 대고 울지 않았어."

"어머니 유골을 묻을 때 울었어요."

동생과 아내와 나는 골판지 상자에 어머니 유골을 담아 피츠버그 부근에 있는 펜실베이니아주 어윈으로 가져갔고 거기 있는 롱런묘지에, 나야 할머니와 할아버지와 18세기까지 거슬러 올라가는 여러 쿤 가문 선조들 곁에 묻었다. 무덤 옆에서 나는 예쁜 것들을 늘 좋아하던 어머니를 떠올리며 사파이어, 에메랄드, 황옥으로 된 성벽과 열두 개의 진주 문이 달린 거룩한 성을 묘사하는 요한계시록 구절을 읽었다. 그리고 축도를 하는데 고통스러운 비명이 울컥 터져 나와 목이 메었다. 그것은 어떤 비명이었을까. 슬픔, 회한, 신성한 안도. 말로 표현할 수 없는 사랑.

"그 작은 싸구려 고사리 화분 말이다. 너희가 길 건너 슈퍼마켓에서 사서 내 무덤에 두고 간 거."

내가 말한다. "거기 그거밖에 없었어요. 우리도 어머니가 아시면 뭐라고 하실지 생각하며 웃었어요."

"왜 안 그랬겠니."

▼ ▼ ▼

마법왕국은 마법처럼 고요하다. 나야 할머니는 안락의자에 뜨개질감을 두고 창가에 서서 바깥을 내다보신다. 한 손가락을 창에 대고 계신다.

"너는 내게 죽음에 대해 계속 떠벌리라고 하지. 내가 너에게 삶에 대해 계속 떠벌리라고 하는 것과 똑같은 요청이야. 어디서부터 시작하겠니? 어디서 이야기를 끝내겠니? 삶이 네가 아는 전부인데 무엇에 비기겠니?

삶에서 너는 **앞으로 나아가지.** 그것이 삶의 본질이야. 네 할아버지가 툭하면 읊던 전래동요 구절처럼 '타박타박 개는 도버까지 갔어.' 루스의 폐에 문제가 생긴 그 겨울, 우리는 피츠버그에서 타박타박 새러낵으로 가서 봄까지 거기서 지냈단다. 네 엄마가 지독하게 불평했지. 네 엄마는 친구들과 함께 미스미첼을 졸업해서, 줄기가 긴 장미다발을 품에 안고 갈보리교회 통로를 **106**

행진하고 싶어 했거든. 마키어즈포트에서 여름을 다 보내지 않은 해에는 종종 [프랑스의] 생장드뤼즈나 [스위스 중부의] 툰으로 갔고, 마지막엔 거의 언제나 제네바로 가서 엘리즈 골레이 고모를 방문했지. 고모는 칼뱅의 음침한 예배당 그늘 아래 있는 제네바의 오래된 지역에서 살았는데, 집 마당에는 벚나무가 한그루 있었고, 거기에 종을 매달고 줄을 당기면 새를 쫓아낼 수 있었단다. 네 가엾은 아비가 죽은 후에, 나는 네 엄마와 너희 형제와 함께 버뮤다로 가서 너희가 그곳에 정착하도록 도왔어. 당시만 해도 버뮤다는 은종을 울리며 달리는 자전거와 작고 좁은 철로와 말과 마차가 있는, 정말 동화 같은 섬이었지. 기분을 내고 싶어서 돈을 더 내면, 전차를 타고 컵케이크처럼 하얀 지붕의 예쁘고 작은 핑크색과 파랑색 오두막들을 볼 수 있었단다. 살아 있다는 것은 그처럼 계속 앞으로 나아가는 거야. 그것이 그저 밤에 2층 침실로 올라가는 것이든, 친절하고 젊은 은행직원 랜드럼 씨에게 부탁해 소액 수표를 현금으로 바꾸러 트레이드가街로 내려가는 것이든, 아니면 이름도 근사한 E. 스크럭스 브라운 부인이 모피 목도리를 두르고 있는 모습이나 부동산 거물인 나이 많은 C. J. 린치가 그 비범한 코를 뽐내며 출입구에 서서 모든 여성에게 밀짚모자를 살짝 기울여 인사하는 모습을 보러 가는 것이든 상관없지.

살아 있다는 것은 물론 시간을 통과하여 계속 움직이는 것이지. 서커스단의 코끼리들이 서로 꼬리를 잡는 것처럼 하루가 다른 하루, 그 하루가 또 다른 하루로 이어지는 거야. 이 시간에서 저 시간, 또 다른 시간으로 움직이다 보면 마침내 한 사람의 시간이 끝나버린단다. 이것이 삶의 본질이야. 하지만 너는 내게 죽음에 대해 물었어."

창밖의 땅에는 눈이 많지 않지만, 남아 있는 눈 때문에 땅바닥은 거의 흰 빛이다. 목초지와 그 너머의 우거진 숲은 11월의 안개에 가려 보이지 않는다. 할머니는 한쪽 허리께에 손을 얹고 그쪽을 내다보신다. 둥글게 말아 올린 회색빛 머리에 뜨개바늘이 꽂혀 있다.

"일단 전차에서 내리면, 같은 식으로 계속 이동하지 않아. 그보다는 **안으로** 들어가는 것에 가깝단다. 이제는 개가 타박타박 도버로 가는 것이 아니라, 에디슨 같은 사람이 어떤 새로운 발견에 점점 다가가는 것과 같다고 할까. 완전히 새로운 세계를 열어줄 모종의 계시, 모든 것을 이해하는 완전히 새로운 방식에 점점 다가가는 거지. 아니면 그런 바람을 갖게 된다고 할까. 너무 재미없게 들리게 해서 미안하다. 사실은 아주 흥미진진하단다."

"할머니 말씀 들으니까 외로울 것 같아요. 전에 알던 사람들, 사랑하던 사람들을 혹시 보신 적 있나요?"

"얘야, '보다see' 같은 단어들은 이쪽에서는 별로 쓸모가 없단다. 하지만 그래, 그 사람들은 여기 있어. 그 사람들은 우리가 느리게나마 점점 깊숙이 향하거나 들어가거나 통과하는 세계의 일부야. 그 과정을 어떻게 표현하든, 우리가 마침내 조금씩   108

이해하기 시작하는 것들의 일부지."

차마 물어보지 못할 뻔했지만 간신히 물었다. "아빠는 거기 계세요?"

"모두 다 있다니까."

내가 아버지를 마지막으로 본 뉴저지의 그 이른 아침 이후 60년이 넘게 지났다. 아버지에 관한 내용 몇 가지가 파편적으로 생각나지만, 정작 아버지 본인은 생각나지 않는다. 그분의 얼굴이나 목소리가 떠오르지 않는다. 아버지를 사랑했던 기억이 없다. 아버지를 기억하는 기억조차 없다.

그러나 나는 나야 할머니에게 아버지가 어디 있고 어떻게 지내고 누구인지 말할 수 있는 내용을 말해 달라고 청하지 않는다. 책으로 가득한 이 평화로운 방에 지금 아버지를 모셔 오는 것은 생각도 못할 일이다. 그 이유는 두려움인 것 같다.

내가 어머니를 불러오지 못하게 계속 막고 있는 것도 두려움이고, 아버지를 불러오지 못하게 막는 것도 두려움이다. 둘이 종류가 다르기는 하다. 내가 어머니를 모셔 오지 않는 것은 어머니가 내게 너무 버거울까봐 두렵기 때문이다. 반면 아버지를 모셔 오지 않는 것은 그분이 내게 너무 존재감이 없을까 봐 두려워서다. 아니면 내가 그분에게 너무 존재감이 없을까 봐. 내 인생 전체, 즉 내 신앙심, 내가 쓴 책들, 내가 사귄 친구들은 모두 아버지를 찾는 일종의 탐색으로도 해석할 수 있다. 어쩌면 내 두려움의 핵심은 아버지를 찾는 것에 대한 두려움인지도 모른다.[5]

기억의 고투

서재에 있는 책들처럼, 오래된 사진과 편지들도 말이 없다. 그것들도 나에게 내가 될 수 있는 여지를 남겨 준다. 내가 대부분의 경우 그것들을 그냥 내버려 두듯, 그것들도 내가 곁눈질도 하지 않고 회색 박스들을 지나 마법왕국으로 들어가게 해 준다. 나는 그것들을 자극하고 싶지 않고 그것들에게 자극받고 싶지도 않다. 그러나 침묵 속에서도 그것들은 언제나 그 자리에 있다. 아버지가 돌아가신 지 60년이 넘었지만, 한 주도 내가 아버지를 생각하지 않고 지나간 적은 없던 것 같다. 근년에는 하루도 그런 날이 없던 듯하다. 도대체 아버지는 어떤 사람이었을까? 아버지가 살아남았더라면 어떤 사람이 되었을까? 아버지가 지금까지 살아남아서 이번 여름에 백 번째 생일을 맞는 상황을 상상해 본다. 아버지와 같은 해 같은 달에 태어난 지미 메릴의 어머니는 백 번째 생일을 맞으실 텐데. 아버지가 오래 살아서 내가 장성할 때까지 돌봐 주셨다면 과연 나는 어떤 사람이 되었을까? 아버지는 내게 무슨 말을 하셨을까? 나는 아버지에게 무슨 말을 했을까?

적어도 내가 사진 속에서 어머니와 함께 풀밭에 앉아 있는 아버지에게 뭐라고 말할지는 안다. 아버지는 고개를 돌려 아무도 관심을 두지 않는 무엇인가를 쳐다보고 계신다. 모자챙 그늘 아래서 어머니의 시선은 사진사를 향하는 것처럼 보이지만 어머니가 보는 건 사진사가 아니다. 어머니는 사진사 너머, 그 다음에 벌어질 일을 보고 계신다. 어머니의 눈에는 비밀이 가득하고, 그 표정은 아주 심각하다. 어머니가 무엇을 보고 계시는지 누가 알겠는가?

나라면 아버지에게 이렇게 말할 것이다. "결혼하지 마세요. 두 분 모두를 위해서 어떻게든 결혼 계획을 포기하세요. 아버지가 선택하신 길을 따라가면 어디에 다다를지 짐작도 못하실 거예요. 아직 시간이 있을 때 거기서 벗어나세요."

하지만 아버지가 왜 이 말에 귀를 기울이겠는가? 레이크플래시드에서 아버지 옆에 있는 소녀와 사랑에 빠지지 않을 남자는 없다. 다음날에는 트리니티교회에서 목사가 두 사람을 기다릴 것이다. 샤토 프롱트낙 호텔방은 예약이 되었다. 모든 일이 계획대로 될 것이고, 여러 다른 일과 더불어 나도 생겨날 터였다. 그러니 내가 무효가 되기를 바라지 않고서 어떻게 두 분이 막 벌이려는 일이 무효가 되기를 바랄 수 있겠는가? 그 일로 인해 아버지가 서른여덟의 나이에 목숨을 잃는다 해도, 그 일로 인해 내 어머니가 아흔두 번째 생일을 얼마 앞두고 내가 아는 한 나를 포함해 아무에게도 말하지 않았던 죄책감과 후회와 자책의 짐을 무덤으로 가져가게 된다 해도, 나는 두 분의 어울리지 않는 결혼이 내게 안겨 준 세상을 놓치지 않았을 것이다. 내 **112**

가 어떻게든 두 분에게 보상할 수 있을까? 두 분의 젊음과 아름다움을 회색 상자들 안에 귀중하게 보관함으로써, 두 분이 최선을 다해 내게 아버지와 어머니가 되신 것을 더없이 존중함으로써, 그분들을 용서하고 그분들의 용서를 받음으로써 보상할 수 있을까?

▾ ▾ ▾

서재 안쪽 중앙에는 양쪽 상판이 확장되는 접이식 단풍나무 탁자가 있고 양쪽에 의자가 하나씩 놓여 있다. 탁자 위에는 내 딸 다이나가 준 기다란 황동램프가 있다. 램프에는 두 개의 호리호리한 관이 달려 있고 하나는 왼쪽 하나는 오른쪽으로 우아하게 아치를 그리며 꽃처럼 아래로 늘어지다가 녹색 유리 전등갓으로 이어진다. 나야 할머니는 앞에 놓인 탁자에 늘어놓은 카드를 볼 수 있게 그중 하나의 불을 켜셨다.

"원래 도박장에서 캔필드*를 할 때는 한 팩에 50달러를 냈지. 파운데이션에 카드를 하나 올릴 때마다 5달러를 받았고. 지금까지 나는 상당히 잘하고 있단다. 물론 속임수를 썼지. 원래 한 번에 하나씩만 뒤집어보게 되어 있지만 나는 세 장씩 뒤집어보고 매번 다시 섞지. 더는 쓸 수 있는 카드가 없을 때까지 그렇게 하는 거야. 하나님을 다룬 이 책들에 둘러싸여 도박을 하

는 것이 불경해 보이기는 한다만. 그분이 개의치 않으시면 좋
겠구나."

램프 불빛이 나야 할머니의 얼굴, 안경, 탁자 표면을 비추고
방의 나머지 부분은 그늘져 있다. 렘브란트의 그림 비슷한 풍경
이다.

"할머니와 하나님에 대해 이야기를 나눈 기억이 별로 없네
요. 그래도 트라이언에 살던 해의 겨울이 기억나요. 멜로즈가街
에 있던 성공회 교회에 같이 가곤 했어요. 제가 집을 떠나 학교
에 가기 전이었죠."

"주로 성가대원 해럴드 크랜덜의 노래를 들으러 갔던 거 같
구나. 성가대가 '베네디치테'*를 부를 때, 해럴드는 언제나 고뇌
에 찬 강한 바리톤 음성으로 솔로를 맡았어. '너희 번개와 구름
아, 주님을 찬양하여라. 너희 고래와 바다에 사는 모든 것들아,
주님을 찬양하여라.' 해럴드가 오 너희 이것이여, 저것이여, 마
키어즈에서 울리는 안개 경보 뱃고동 같은 것들이여, 노래하면
성가대가 '그분을 찬양하고 영원히 영광을 돌려라' 하고 합창했
지. 그것은 우리에게 불경건한 기쁨을 주었어."

"당시에 할머니가 신자였다고 생각하세요?" 외할머니는 카
드 한 장의 한쪽 끝을 잡고 계신다. 붉은 퀸이다. 그것을 어디다
놓을지 망설이신다.

▶   찬미. 외경 다니엘서 부록 3장 57-88절과 56절에 나오는 '세 소년의 노래'를 가사로 함.   **114**

"내가 아는 한 나는 유니테리언이었다. '희망적 사고의 성취력'이라는 멋진 문구를 믿었지. 내 생각에는 윌리엄 엘러리 채닝이 한 말이었어. 어쩌면 에머슨인지도 모르겠구나. 나는 눈에 보이는 것 이상의 무엇이 있다고 늘 믿었단다."

"그럼 지금은 어떠세요?"

붉은 퀸이 들어갈 자리를 찾지 못해서 나야 할머니는 손에 들고 있던 카드들 위에 그것을 올리고 탁자에 부드럽게 내려놓으신다.

"글쎄다. 신비는 결코 풀리지 않는구나. 신비가 네가 생각하는 바로 그거라면 말이다. 오히려 정반대지. 그쪽 세상에 있을 때 나는 늘 신비에 대해 늘 종잡을 수가 없었지. 더 다급해 보이는 다른 일들이 늘 있었기 때문에 그 문제를 한 번도 깊이 생각해 보지 않았단다. 나는 사람이 죽으면 더는 희미한 상태가 아니라 사도 바울의 부정확한 예언대로 얼굴과 얼굴을 맞대듯 확실하게 볼 거라고 생각했어. 하지만 그런 일은 일어나지 않았어. 오히려 어두운 집에서 걸어 나와 더 어두운 밤으로 들어서는 것과 같았지."

할머니는 잠시 말을 멈추고 하늘이라도 되는 것처럼 서재의 그늘진 곳을 올려다보신다. 그녀의 안경 알 하나에 램프 불빛이 반사된다.

"달, 스카프처럼 풀려나가는 은하수, 별자리. 그 모든 깊고 깊은 어둠. 더 멀리 다른 어떤 달과 별들이 있는지 누가 알겠니.

얼마나 더 깊은 어떤 심연이 있는지.

너는 숨이 남아 있다면 턱하고 막힐 것 같은 멋진 광경일 거라고 생각하겠지. 이상한 말이지만*mirabile dictu*, 그게 그렇지가 않아. 그것은 거의 자기 숨처럼 느껴진단다." 나야 할머니는 탁자에 놓인 카드들의 패턴을 잠시 내려다보신다. "그것이 내게 숨을 불어 넣는 것처럼 느껴지기도 하고."

할머니는 카드를 전부 한 더미로 모은 다음 모두 같은 면이 되도록 배열하기 시작하신다. 카드를 한 벌로 만들고 탁자에 대고 툭툭 쳐서 가지런하게 정리하신다.

서재의 이쪽 끝에는 창이 하나뿐이고, 나야 할머니의 의자 뒤에 있다. 그 창을 통해 나는 잔디밭과 사과나무 한 그루를 볼 수 있고, 그 너머에 있는 말 방목장은 완만한 오르막을 이루다가 언덕 꼭대기로 이어진다. 언덕 꼭대기에는 집이 한 채 있는데, 우리는 거기에서 삼십 년 정도 살다가 좀 더 아래에 있는, 장인장모님의 소유였던 집으로 내려왔다. 언덕 위의 그 집은 우리가 인수하기 전에는 손님용 숙소였는데 이제 다시 손님용 숙소로 쓴다. 딸들이 남편과 아이들을 데리고 오면 그곳에서 묵는다. 창턱에는 몇 가지 물건이 있다. 연철로 만든 닥스훈트 모양의 검은 색 저금통, 브랑쿠시*Brancusi Constantin*의 작품만큼이나 섬세하게 조각된 구두닦이 황동 발판, 연보라색 리본으로 달아 맨

▶ 1876-1957. 루마니아의 조각가.   **116**

은별 한복판에 부은 얼굴이 있는 어릿광대의 지팡이, 흔들면 땡
그랑 소리 나는 작은 종. 아래 쪽 내리닫이 창의 창턱에는 밀짚
으로 엮은 널찍한 띠가 있는데, 멕시코에서 온 것 같다. 띠에는
머리가 납작한 제자들이 좌우로 여섯 명씩 배치된 최후의 만찬
그림이 있는데, 중간에 있는 또 다른 머리는 예수님이 분명하
다. 그 뒤쪽에 지푸라기 십자가가 있으니까.

"예수님 얘기를 해 주세요."

나야 할머니 뒤쪽, 창문 너머 방목장 울타리 안에 적갈색 암
말이 보인다. 코에 흰 반점이 있는 녀석은 풀을 조금씩 뜯으며
가끔 꼬리로 윤기 나는 옆구리를 훑는다. 뒷다리 아래쪽은 밀짚
으로 엮은 띠에 가려 잘 보이지 않는다.

"예수님에 대해 내가 좋아하던 시가 한 편 있어. 가사는 분
명히 기억나지 않지만 곡조는 네 목소리만큼이나 또렷이 들리
는 것 같아. 다 다 덤, 다 다 덤." 할머니는 한 손가락으로 탁자
가장자리를 가볍게 두드리신다.

그분이 오실 때 그분을 알리라
그 증표는 북소리나
낭랑한 나팔소리가 아니리 …

"정확한 가사는 아니지만 이와 비슷한 짧고 엄숙한 가사란
다. 북소리처럼 말이지. 예수님이 오실 때 어떤 외적 표시로 그

분을 알아보는 것이 아니라, 대단히 왕다운 발걸음으로, 조용한 내적 방식으로 알아보게 될 거라는 내용이야. 나중에 정확한 시구가 기억날 거야. 나는 유니테리언이라 예수님의 신성을 믿지 않았지만, 예수님의 신성이 정확히 무엇을 뜻하건 간에—성부 하나님과 본질이 같고 뭐 그런 내용 말이다—그 시가 말하는 내용은 믿었단다. 내가 예수님을 만난다면 그분을 알아볼 거라고 믿었어. 그분이 빗속에서 트레이드가를 걸어오셔도, 벨린저스 식당의 카운터 뒤에 서 계셔도 말이야. 지금도 그렇게 믿는단다."

"그럼 예수님을 보지 못하셨어요?"

창턱에 달린 밀짚으로 된 (최후의 만찬 그림 속) 머리들에는 얼굴이 없다. 그들은 팔짱 낀 팔을 식탁에 올리고 앉아 있는데, 가운데 계신 분은 우측으로 살짝 몸을 기울이고 있다. 창에서 들어오는 은빛이 밀짚 사이로 비쳐 든다.

"예수님을 만나면 나는 그분을 알아볼 거다." 나야 할머니는 그렇게 말씀하신다. 그리고 나는 부지불식간에 불쑥 이렇게 말한다. "예수님은 할머니를 아실 거예요."

"누가 장담할 수 있겠니? 하지만, 사람이 어딘가로 가면 마음의 한 조각을 먼저 보낼 때가 있잖니. 그것이 네가 작은 하트 모양 돌 뒤쪽에 테이프로 붙여 놓은 문구였지? 어쩌면 내 마음의 한 조각을 보시고 그분이 나를 알아보실 지도 모르지. '하늘과 땅에는 더 많은 것들이 있다. 호라티우스.' 아마 나는 그분을 **118**

알아볼 거야. 예수님이 그분 마음의 한 조각을 내게 보내셨으니까."[7]

▾ ▾ ▾

트롤럽은 서재에 걸린 사진 아래의 작은 카드에 굵은 글씨로 서명을 하고 "아주 충실하게"라고 적었고, 작품에서도 아주 충실하게 그려 낸다. 내 동생 제이미를 그려 내는 일에도 트롤럽의 도움이 필요하다. 이 책의 지난 몇 쪽을 쓰는 사이에 제이미가 죽었다. 나보다 두 살 반 어렸고 다음 번 생일에 일흔이 될 터였다. 우리 가족에서 아이는 우리 둘뿐이었다. 동생이 없는 세상이 상상이 안 된다. 세상이 없는 동생도 상상이 안 된다.

트롤럽이라면 제이미를 제대로 이해했을 것 같다. 나도 그렇게 제이미를 바르게 이해하고 싶다. 특히 동생이 웃는 방식을 제대로 이해하고 싶다. 우리를 보러 버몬트에 올 때, 다른 사람들은 모두 다음에 무슨 일을 할지 결정하느라 안절부절 못했는데 제이미는 달랐다. 스웨터와 카키색 바지 차림으로 잔디밭에 앉아 실내에서는 피울 수 없는 작고 형편없는 시가를 물고 더없이 평화롭게 〈타임〉을 읽었다. 그랬던 제이미를 제대로 이해하고 싶다. 과거를 되씹거나 미래를 염려하느라 병이 들었던 나와 달리 동생이 삶을 있는 그대로 받아들인 방식을 제대로 이해하고 싶다.

119 지금 내 안에서 일어나는 일도 제대로 이해하고 싶다. 일단

은 감각의 차원에서. 잠시 먹구름이 좀 걷히는가 싶다가 다음
순간 갑자기 아무것도 할 수 없다. 그저 눈앞의 손만 바라볼 뿐.
생각의 차원에서는 우리가 마지막으로 나눈 몇 차례 대화가 자
꾸만 떠오른다. 그중에서도 동생이 죽기 서너 시간 전에 마지
막 작별인사를 하며 나눈 대화가 자주 생각난다. 그러나 감각이
나 생각보다 더 깊숙한 곳에 자리 잡은 차원이 있다. 거기에는
내가 하는 모든 일이 더할 나위 없이 피곤하다는 인식만 존재한
다. 마치 엄청난 양의 가구를 이리저리 옮겨야 하는 것만 같다.
어떻게든 살펴보고 정리해야 할 상자가 끝없이 쌓여 있는 것처
럼 보인다. 땅 자체를 아예 불도저로 밀어버리고 이리저리 옮기
고 개조해야 한다. 완전히 새로운 풍경이 생겨나야 한다.

　내가 전해 들은 전설 같은 이야기에 따르면, 나는 태어난 지
하루 정도 된 동생을 보러 뉴욕의 미스 리핀코트 산원産院에 갔
다. 당시에는 산원에서 아이를 낳는 것이 유행이었다. 어머니
말씀에 따르면 동생은 비쩍 마르고 작았다. 어머니는 그 사실
을 보완하기라도 하려는 듯 간호사와 의사들에게 통통하고 귀
여운 맏아들을 보여 주고 싶어 하셨다. 아버지가 나를 데려오는
일을 맡으셨고, 역시 어머니 말씀에 따르면 나는 아버지를 따라
어머니가 계신 방으로 가면서 소름끼치는 행동을 했다. 몸을 완
전히 웅크린 채 눈알을 사방으로 굴리면서 입은 헤 벌리고 걸었
다는 것이다. 그러나 내가 아기를 본 순간 상황은 나아졌다. 나
는 아기에게 뭔가를 낭송해 주고 싶다고 말했고 그렇게 했다. **120**

내가 선택한 문장은 "어느 안개 끼고 축축한 아침, 나는 흐린 날씨에 가죽옷을 빼입은 한 노인을 우연히 만났다"였다. 70년 조금 안 되게 이어진 관계의 시작이었다.

처음 칠팔 년 동안, 나는 형들이 흔히 하는 방식으로 동생의 삶을 비참하게 만들었던 것 같다. 그 시점에서 이 년 반의 나이 차는 세대를 갈라놓을 정도의 차이로 보였고, 나는 집안에 경쟁자가 있는 것이 기분 나쁜 데다가 아직 어리고 경험이 부족한 동생 때문에 끊임없이 난처했던 듯하다. 1932년, 우리 가족이 워싱턴 D.C.에 살 때 나는 미스 마레 자매로 알려진, 프랑스인 독신녀 둘이 운영하는 학교에 1학년으로 들어갔다. 그곳에서는 모든 수업을 프랑스어로 했다. 음악수업도 예외가 아니었는데, 거의 앞을 못 보면서도 피아노를 치는 노부인이 음악을 가르쳤다. 그래서 우리는 야단맞을 걱정 없이 수업 시간 내내 선생님 앞에서 잔뜩 인상을 찌푸리며 지냈다. 나는 학교 가는 길에 동생이 따라오는 것을 허락했지만, 늘 학교에 도착하기 훨씬 전에 돌려보냈다. 부끄러운 존재를 아무에게도 들키고 싶지 않았기 때문이다.

자세한 내용은 다 어머니의 말씀을 들어서 아는 것이지만, 롱아일랜드 쿠오구에서 보낸 어느 여름에 내가 동생 머리에 풍선껌 뭉치를 붙였던 기억은 난다. 제거제를 써도 껌이 떨어지지 않아서 가위로 잘라 내고 보니 두피가 흉하게 드러났다. 또 한번은 통통한 녹색 애벌레를 동생에게 던졌는데 셔츠에 떨어지면서 벌레가 터져서 엉망이 되는 바람에 동생이 히스테리 발작을 일으켰다. 그리고 가끔 나는 동생이 견디지 못하고 비명을 지르기 시작할 때까지 동생을 쳐다보며 의미 없는 소리를 잔뜩 늘어놓곤 했다. 시끄러운 소리 때문에 부모님이 불호령을 내릴까 봐 나는 확실하게 비명을 그치게 할 기술을 개발했다. 입을 다물기만 하면 내 엉클 위길리 시리즈를 주겠다고 말하는 것이었다. 그 방법은 언제나 마법처럼 효과가 있었다. 시리즈에는 대부분 내 이름 '프레비'가 적혀 있었지만, 동생은 집에 있던 그중 한두 권에 자기 이름을 덧붙였다. 다양한 색상의 금, 은, 동 금속박지 조각을 대고 전기 가열 철필로 썼다. 동생은 이 거래가 법적으로 효력이 없을 것임을 알았는지 시간이 지나면 그 책들이 자동적으로 내 소유로 돌아가는 것을 당연하게 여겼고, 그래서 이 뇌물은 여러 해 동안 효과가 있었다. 나는 동생에게 너는 업둥이라는 말도 했다. 누군가가 동생을 바구니에 넣어서 문앞에 두고 갔다고 말했다. 동생이 걸을 때면 코르덴 반바지에서 우스꽝스러운 찍찍 소리가 나고 양말대님이 다 보인다고도 놀리기도 했다. 그 무렵 집에 손님이 오실 때면 동생은 뭔가를 나지막이 중얼중얼 반복하곤 했다. 나중에 동생에게 물었더니 숫자 여섯, 여섯, 여섯, 여섯을 연습했다고 대답했다. 손님들이 몇 살이냐고 물을 줄 알고 미리 답을 준비하고 싶었던 것이다. 우리가 오십 대에 접어들었을 때, 가끔 동생은 갑자기 나에게 달려들어 "형이 내 어린 시절을 망쳐 놓았어!" 하고 소리쳤다. 그

122

럴 때면 나는 네가 내 노년을 망치고 있다고 응수했고, 그 말에 우리는 배를 잡고 큰 소리로 웃어댔다.

피해자와 가해자였던 우리는 서서히 최고의 친구가 되었지만, 1936년 11월 21일 토요일 동튼 직후에 일어난 사건이 분명 그 과정에서 중요한 단계였을 것이다. 당시 제이미는 한 달만 있으면 여덟 살이었고, 나는 열 살이 된 지 겨우 두어 달 지났었다. 우리는 어른들이 시킨 대로 방안에 있으면서, 현기증 날 만한 높이에서 아래를 내려다보았다. 잠옷 차림이던 어머니와 할머니가 젊은 아버지를 차고에서 진입로로 간신히 끌어냈고 어떻게 해야 할지 전혀 모르면서 아버지를 살려 내려고 애쓰고 있었다. 그때 밑에서 우리가 어떤 모습으로 보였을지 상상해 본다. 잠옷 차림으로 창가에 있던 우리는 각기 다른 방식으로 그때부터 죽 그렇게 나란히 있었던 것 같다.[8]

▼ ▼ ▼

그 시절의 내게로 다시 들어가는 일이 가능했던 것만큼, 아무 일도 없었던 것처럼 그때의 그림자를 내 뒤편 먼 곳이나 내 안 깊숙이 남겨 두는 일도 어찌어찌 가능했던 것 같다. 우리 집 주변에는 부활절 백합과 버뮤다 양파가 자라는 들판이 있었다. 장대비가 쏟아져도 몇 분만 지나면 물기가 말라버리는 흰색 산호 도로가 있었다. 방과 후에 자전거를 타고 가서 수영할 수 있는 핑크빛 산호 해변이 있었다. 그곳에 흐르는 멕시코만류의 바닷물은 해변으로 다가갈수록 하늘색, 청록색, 연녹색으로 바뀌었다. 마름병이 돌기 전이라 당시만 해도 어디서나 자라던 키 작은 삼나무의 향, 말과 등유난로와 짭짤한 바다 내음이 뒤섞여 복잡한 냄새가 공기 중에 가득했다. 그런데 내 경우에는 그 모든 것 한복판에서, 이전에 일어난 일이 모조리 흔적도 없이 사라졌다. 그러나 제이미의 경우에는 그렇지 않았다.

한번은 동생이 혼자 침실에서 울고 있는 것을 우연히 발견했다. 왜 우느냐고 물었더니 말을 하지 않았다. 이것 때문이냐? 저것 때문이냐? 그러나 마침내 동생이 말한 이유는 아주 오래전에 일어난 일 때문이라는 것이었고―살아온 세월이 짧은 아이에게 1년은 긴 시간이다―그제야 나는 동생이 당연히 아버지 때문에 운다는 것을 깨닫고 충격을 받았다. 우연히 보지 않았다면 나는 동생이 우는 줄도 몰랐을 것이고, 내가 캐묻지 않았다면 동생은 우는 이유를 말하지 않았을 것이다. 동생은 평생 그렇게 자기 얘기를 좀처럼 하지 않는 사람이었기에, 나는 우리의 어린 시절을 소설화한 《마법사의 조류 The Wizard's Tide》를 쓰면서 동생을 위해 작품에서는 동생을 어린 소녀로 바꿔 놓았다. 동생은 감정을 거의 마음속에만 담아 두었고, 소위 '단도직입적 질문들'을 좋아하지 않았다. 한번은 플로리다에서 열린 칵테일 파티에서 동생이 그런 단도직입적 질문에 어떻게 대처하는지 엿듣고 웃었던 기억이 난다. 대단히 정력적이고 명분을 쫓는 여성이 동생에게 이제 은퇴하셨는데 어떻게 사시느냐고 물었다. **124**

동생은 자기가 매일 아침 가장 먼저 하는 일이 아침식사로 나온 자몽 조각의 개수를 세는 것이라며 그 수가 늘 다르다는 것을 알면 흥미가 생길 거라고 대답했다.

말할 것도 없이, 동생의 감정들은 마음 깊은 곳에 그대로 있었다. 동생이 무의식적으로 감정을 억눌러서가 아니라, 보일러를 지하저장고에 두듯 감정은 마음 깊은 곳에 두는 거라고 생각했기 때문이다. 그런 감정들은 아주 드물게 밖으로 드러났다. 한번은 동생이 내 저서들에서 뽑아서 만든 365일 선집《당신의 삶에 귀를 기울이라Listening to Your Life》를 뒤적이고 있기에 동생의 생일인 12월 7일자 인용문을 찾아서 읽어 달라고 한 적이 있다. 그런데 마침 그날 인용문은 구십 대이던 어머니가 창문 밖으로 방금 지나간 사람이 누구냐고 물으시고 내가 정원사라고 대답했던 대목이었다. 그때 어머니는 이렇게 말씀하셨다. "그 사람에게 여기 들어와서 마지막 여름장미를 보라고 하려무나." 동생은 문장 중간에서 읽기를 멈추었다. 보아 하니 차마 더는 읽지 못하는 것 같았다. 또 한번은 동생이 우리 부부와 버몬트 주州 말보로에서 블랑쉐 모이즈가 지휘하는 〈마태수난곡〉 공연을 봤는데 놀랍도록 감동적인 그 공연이 끝난 후, 내가 어땠느냐고 물었더니 문자 그대로 아무 말도 하지 못했다.

동생은 우리 부부가 집에 한동안 비치해 두었던 방명록에 시를 한두 편 썼다. 다음은 그중 한편이다.

일본 사탕은 썩은 나무 맛이 나.
그건 오늘자 엉클 스컹크 말씀.

또 다른 시는 좀 더 감동적이다.

데이지 꽃을 돌멩이에 매달았다.
그걸 비브 연못에 던졌더니 퐁당 하고 빠졌다.

　제이미는 'eyebulb'▾, 'red leather day'▾, 'you might as well be hung for a sheep as a goat'▾ 같은 말실수들을 모아 놓고 가끔씩 즐겁게 사용했다. 동생은 여러 해 동안 은행 홍보담당자로 별 열의 없이 일하다가 퇴직하고서 아내 재키와 결혼한 이후 줄곧 살았던 매디슨가의 19세기 적갈색 사암 아파트에서 전자기기를 만지작거리기 시작했다. 1946년에 그 집을 처음 빌린 사람은 어머니였기 때문에 제이미가 볼 때 그 집은 생애의 절반을 우리 가족과 함께 보냈다고 할 수 있었다. 어머니가 세 번째 결혼을 하면서 노스캐롤라이나로 이사했을 때, 나는 한동안 그 아파트에 살면서 이런저런 초기 소설들을 집필했다. 일요일마다

▸　eyeball(눈알, 안구)의 잘못.
▸　red letter day(축일, 휴일)의 잘못.
▸　새끼양을 훔쳐서 교수형 당하느니 다 자란 양을 훔치고 교수형을 당하겠다('일을 벌이고 어차피 벌을 받을 바에는 아예 판을 크게 벌이는 게 낫다.')는 표현에서 어린양lamb이 들어갈 자리에 염소goat를 넣은 실수.

아파트 바로 옆에 있는 교회로 가서 조지 버트릭 목사의 설교를 들었는데, 그 설교가 내 인생을 변화시켜서 결국 5번가의 4번 버스를 타고 유니온신학교를 다니게 되었다. 그 버스는 클로이스터미술관과 포트트라이언공원까지 운행했고 지금도 그런 것으로 안다. 1954년에 제이미가 오클라호마주州 포트실에서 소위로 제대했을 때, 우리 형제는 한동안 그 아파트에서 같이 살았다. 그 기간에 우리는 남쪽으로 차를 몰아 어머니를 만나러갔는데, 어머니는 우리의 방문을 구실 삼아 성대하게 칵테일파티를 계획하셨다. 초청장에는 "제임스와 프레드릭 비크너를 소개하는"파티라고 적혀 있었다. 그 문구를 보고서 제이미와 나는 어머니가 우리의 약혼발표를 하는 것처럼 들린다고 했다.

제이미가 아내와 함께 평생 살다가 마침내 생애를 마친 집은 불빛이 희미하게 비치고 가운데가 푹 꺼진 계단 52개를 올라야 하는 아파트 삼층이었다. 동생은 거실에 붙은 작은 방 탁자에서 불빛이 깜빡이고 삐 소리를 내는 전자기기들을 만들어냈는데, 만든 물건은 말린 대구 포장용 나무상자에 보관했다. 동생이 내게 만들어 준 두 가지 물건은 아직도 작동한다. 그중 하나는 깜빡거리는 십자가인데, 그 가로대에는 OPEN, 세로대에는 HEART라고 적혀 있고 둘은 E에서 교차한다. OPEN 끝에는 작고 빨간 하트가 있어서 전체적으로 균형을 맞춘다. 나는 그 모습을 레오 벱 시리즈 둘째 권에서 묘사해 두었다. 또 다른 기기는 세 개의 탑이 있는 에메랄드성을 성냥개비로 섬세하게 만든 장치로, OZ라고 적힌 초록색 삼각 깃발이 탑 하나하나에 달려 있는데, 버튼을 누르면 작은 전자음으로 "오버 더 레인보우Over the Rainbow"▾가 울려 나온다. 동생은 여러 해에 걸쳐 여러 친구와 친척들을 위해 많은 전자장치를 만들었고, 그중 몇 개는 어떤 질문에 대해서든 "예, 아니오, 어쩌면" 중 하나로 답하는 상자였다. 동생이 그 기계를 뭐라고 불러야 할지 결정을 못하고 있기에 '도깨비불ignis fatuus'이 어떠냐고 했더니 마음에 들어 했다. 하지만 우리 둘 다 그 단어의 복수형을 알아내지 못했다.

아버지의 죽음은 60년 넘게 나의 뇌리에서 떠나지 않았지만 동생의 경우는 달랐던 것 같다. 동생은 아버지의 죽음을 애도함으로써 그분을 떠나보낼 수 있었던 반면, 어머니와 나는 아버지가 죽은 적이 없는 것은 물론이고 살았던 적도 없는 것처럼 꾸역꾸역 살아갔기 때문일 것이다. 동생이 나보다 어렸던 터라 아버지의 죽음을 둘러싼 슬픔과 혼란에 그렇게 큰 영향은 받지 않았을 수도 있겠다 싶다. 하지만 아버지가 또 다른 일자리를 구해 떠나고 남은 가족이 우들랜드가街에 있는 나야 할머니의 집에서 머물던 기간에, 동생은 옷이 딱 맞지 않는다는 핑계를 대며 겨울 내내 아침에 일어나지도, 옷을 갈아입지도 않았다. 나로서는 정확한 이유를 알 수 없지만, 침대가 동생이 아는 가장 안전하고 멀쩡하고 위안이 되는 곳이라서 그랬던 것 같다.

▾ 영화 〈오즈의 마법사〉의 주제곡.

그러나 대체로 과거를 깊이 생각하는 것이나 미래를 놓고 괴로워하는 것은 동생의 천성에 맞지 않았다. 생애 마지막 해에도 그랬다. 나라면 두려움에 떠느라 인생의 몇 주를 망쳐 버렸을 여러 고통스러운 처치와 수술을 받으면서도 동생은 동네 치과에 가듯 더없이 담담하게 받아들였다. 점점 심해지는 통증을 조절해 주는 일 외에는 의사들이 해 줄 수 있는 일이 없음을 알게 되자, 나는 동생이 단도직입적인 질문들을 싫어한다는 것을 무시하고 기분을 물었다. 제이미는 모든 것이 끝나기를 바란다고, 그것도 자기가 평생 고대했던 그 무엇보다 더 간절히 바란다고 대답했다.

우리가 마지막으로 만난 것은 불치병이라고 진단받기 한 달 전쯤이었다. 나는 월스트리트의 트리니티교회에서 설교를 해야 했는데 동생을 만나기 위해 편역에서 길을 빙 둘러갔다. 짧고 분주한 방문이었다. 나는 방문 시간 대부분을 동생이 꺼내준 지도를 들여다보며 맨해튼 도심에 있는 호텔의 위치와 가는 길을 파악하는 데 썼다. 동생은 몸무게가 상당히 빠졌고 활력도 많이 없어졌지만 그래도 괜찮아 보였고 혈색도 좋았다. 모든 일이 잘될 거라고 확신하는 듯 보였다. 계단 52개를 오르는 일은 꽤 힘들지만 매일 산책을 나간다고 했다. 내가 떠날 때가 되자 동생은 배웅하겠다고 나섰다. 화창하고 바람 부는 매디슨가의 봄날이었다. 우리는 동생이 재키와 함께 몇 주 후 내 생일에 어떻게 찾아올지 이야기를 나누었다. 그때 택시가 갑자기 나타나서 나는 동생과 악수할 겨를도 없이 길을 떠났다. 다시는 악수를 하지 못할 줄은 꿈에도 생각하지 못한 채.

동생은 어떻게 생겼던가? 트롤럽은 가끔 사람의 얼굴을 묘사할 때 머리, 눈썹, 눈, 입술, 치아, 코 등 너무나 많은 내용을 말해서 독자가 그 하나하나는 보면서도 결국 전체 얼굴은 그리지 못한다. 동생은 키가 작은 편이고 체격이 좋다. 중년 이후에 살이 좀 찌기도 했지만 아내가 지속적으로 조심시킨 덕분에 언제나 감당할 수 없는 지경에 이르기 전에 체중을 줄일 수 있었다. 사람들은 젊은 시절의 동생이 젊은 로버트 케네디를 닮았다고 했다. 나이가 더 들었을 때 동생은 어느 날 아침 까칠하게 자란 수염을 면도하려고 욕실 거울 앞에 서 있으니 자신이 야세르 아라파트를 꼭 닮았더라는 얘기를 어머니한테 했다. 그 말에 어머니는 네가 그 사람처럼 운이 좋으면 좋겠다고 하셨다. 사람들이 동생과 관련해서 가장 생생하게 기억하는 것은 웃음이다. 머리를 뒤로 젖히고 전혀 억제하지 않고 자신의 존재 전부와 자신이 가진 모든 것을 쏟아 내는 듯한 웃음뿐 아니라, 언제라도 그렇게 웃을 준비가 되어 있는 모습이다. 그럭저럭 웃기는 행동이나 말에 그칠 것도 동생 앞에서는 더없이 웃기는 언행으로 바뀌었기에 동생은 누군가 자신의 웃음보를 터뜨려 줄 순간을 기다리고 있는 것처럼 보였다. 웃음이 나오는 걸 걷잡을 수 없을 때, 내 웃음은 가성으로 내는 부엉이 소리 같아서 민망하다. 내 목소리처럼 들리지 않아서다. 하지만 제이미의 웃음은 철저히 제 130

이미다웠고, 제이미가 보여 줄 수 있는 가장 풍성하고도 최고의 모습이었다. 트리니티학교에서 열린 '매드 티 파티' 공연에서 제이미가 긴 금발 곱슬머리 앨리스 역으로 연극에 데뷔했을 때 (제이미는 3학년, 나는 6학년, 트루먼 카포티라는 꼬마 괴짜는 7학년 이었다) 대사를 떠올리기만 하면 제이미와 나는 웃느라 정신을 차리지 못했다. 옷차림에 대한 동생의 초보수적 취향을 지적하실 때 어머니는 작은아들 생일선물로 줄 넥타이를 사러 갈 때마다 점원에게 할아버지 드릴 거라고 말한다고 하셨다.

제이미는 눈동자가 녹갈색이었고, 이가 튼튼하고 하얗고, 살짝 팔자걸음을 걸었다. 머리숱이 많아서 겨울철에 눈썹까지 털모자를 쓰고 우리 부부를 보러 올 때 외에는 모자를 쓰지 않았다. 눈길을 걸을 때는 종종 자기 키 만한 높이의 물푸레나무 지팡이를 짚고 나왔는데, 그 지팡이는 내 딸아이 중 하나가 잘라서 작은 아버지를 위해 장식해 준 것이었다. 딸아이는 지팡이 겉면에 하트 하나, 방패로 둘러싸인 스위스 국기에 있는 것 같은 십자가 하나, 제이미의 이름 머리글자 **J. K. B.**를 새겼다. 그 밑으로 'salzstengel(소금 자루)'이라는 단어를 소용돌이처럼 아래로 돌아가며 새겼는데, 그 단어가 가족 안에서 어떤 농담으로 쓰였는지는 잊어버렸다. 또 그 밑에 새긴 '멈멈'은 제이미가 특히 좋아하는 음식을 열중하여 먹기 직전, 제이미의 표현에 따르면 "어금니를 드러내고 먹기" 직전에 내던 소리였다. 지팡이 맨 아래에는 **1978년 크리스마스**라고 적혀 있다. 그 지팡이는 지금 제이미가 손님 방 옷장 뒤쪽 벽에 기대어 둔 그대로 있다.

동생은 사람을 대할 때 선입견을 갖지 않았다. 만나는 사람들에 대해 그저 그렇다든지 근사하다든지 등의 판단을 내렸다면 그들에게서 뭔가 흥미롭거나 재미있는 요소를 발견했을 가능성이 높았다. 동생은 가장하지 않는 사람이었다. 실제와 다른 모습으로 가장하지 않았고 다른 사람을 있는 그대로 받아들이듯이 자기를 받아들이는 듯했다. 여러 해 동안 제이미는 제대로 사귀기 전까지는 수줍음이 많고 조용한 사람이었다. 그런데 사교적이고 지원을 아끼지 않는 사랑하는 아내 덕분에 세월이 지나면서 상당히 외향적이 되었다. 동생 부부는 두 사람만 아는 이유로 자녀를 갖지 않았다. 하지만 동생에게 그것이 문제가 되었는지를 내게 말한 적은 없었다. 내가 아는 한 동생은 앙심을 품지 않았고, 동생이 잔인한 말이나 속이는 말을 하는 것을 들은 기억이 없다. 그보다 더 용감한 사람은 본 적이 없다. 동생의 오랜 친구가 위대한 앤터니의 글과 비슷한 느낌의 글에서 제이미에 대해 이렇게 썼다. "그는 내가 이제껏 만난 친구 중에서 언제나 아주 사랑스러운 몇몇 중 하나였다."

1998년 7월 11일, 내가 일흔두 살이 되던 날, 동생이 전화를 걸어와 사실상 거의 모든 불치의 암에 다 걸렸다고, 의사의 말이 틀려서 2주 이상을 살 수 있다 해도 그러고 싶지 않다고 말했다. 그리고 이렇게 덧붙였다. "그건 그렇고, 생일 축하해." 그 말과 함께 동생은 어찌어찌 그 비범한 웃음을 다시 한 번 터뜨

렸는데, 내 입에서도 덩달아 갈라지는 절망적인 웃음이 나왔다. "재키에게 남편을 잃는다고 생각하지 말고 옷장 공간이 두 배가 된다고 생각하라고 했어." 나는 곧장 뉴욕으로 보러 가겠다고 했다. 동생은 볼 만한 게 별로 없다면서 그러지 말라고 짧게 말했는데, 그것이 동생이 정말 원하는 바임을 알았다. 그것은 내가 원하는 바이기도 했다. 다른 선택은 생각만 해도 너무 끔찍하다는 데 우리는 뜻을 같이 했다. 대신, 제이미와 나는 거의 매일 전화로 이야기를 나누었고, 그렇게 해서 우리에게 아직 시간이 남아 있고 그 다음에도 또 시간이 있다고 계속 믿을 수 있었다. 그런데 내가 마지막 방문을 해 버리면 그것은 정말 마지막이 될 테고 우리 둘 다 그 사실을 알게 될 것이었다.

7월 25일 토요일 오후에 동생에게 전화를 하면서, 나는 2주 시한부라는 말을 떠올리며 마지막이 얼마 안 남은 것 같다고 말했다. 제이미는 마지막 날은 이미 시작되었고 평생 가장 행복한 날이라고 말했다. 동생은 죽어가고 있었지만 절대 아픈 목소리가 아니었고 아픈 사람 같지도 않았다. 그날 일찍 형수를 보아서 너무 좋았다고 말했다. 내 아내 주디는 재키와 함께 있으려고 그리로 갔고, 나도 이전의 합의를 깨고 함께 가려 했었지만 감기에 열까지 높아 그러지 못했다. 나는 지금까지 사랑한 그 누구 못지않게 널 사랑했다고 말했다. 그러자 제이미는 녹색 애벌레와 풍선껌은 다 잊고서 이렇게 말했다. "형은 멋진 형이었어." 나는 지난 번 만남이 마지막은 아닐 것 같은 느낌이 든다고 했고, 동생은 부드럽고 나지막이 "아하" 하고 소리를 냈다. 그렇게 말해 줘서 고맙다는 의미였는데, 그 말을 믿었기 때문인지도 모르겠다. 그 다음 나는 이것이 작별인사가 될 것 같다고 말했고 제이미는 그래, 하고 대답했다. 그러고 나서 둘 다 울기 시작했기에 전화를 끊는 수밖에 없었다. 그때 제이미는 매디슨가의 낡은 갈색사암 아파트에 있었고 나는 손자 딜런이 "깨지기 쉬운 방"이라고 부르는 곳에 있었다. 너무 소중해서 깨지면 안 되는 것들을 가득 넣어 두어서 잘 쓰지 않던 방이었는데, 그 방에 소중한 것이 또 하나 더해졌다.

몇 시간 후 동생이 죽었을 때 내 사위 중 하나인 데이비드가 제이미와 함께해 주었다. 제이미는 데이비드가 마지막 며칠 동안 너덧 번이나 보스턴에서 날아와 자기가 여러 모로 뒷정리를 할 수 있게 도와줘서 얼마나 고마운지 모르겠다고, 생각도 못 했던 친절에 보답할 방법이 있었으면 좋겠다고 말했다. 그 말에 데이비드는 자기한테 내가 엉클 위글리 시리즈를 주는 것을 고려해 보겠다고 한 얘기를 했다. 그러자 제이미는 이렇게 말했다. "내가 자네라면 그 약속을 서면으로 적어 놓겠네." 동생이 남긴 마지막 말 중 하나였다.

동생은 교회에 다니지 않았다. 가끔 내 설교를 들으러 오는 것이 전부였다. 장례식을 원하지 않는다고 했다. 장례식이 단도직입적 질문과 비슷하다고 여긴 것 같다. 하지만, 다들 뉴욕으로 돌아오는 가을에 오랜 친구들을 위해 칵테일 디너파티를 열 **134**

면 어떻겠느냐고 물었더니 그거 좋은 생각이라고 말했다. 동생은 자신을 위한 기도문을 하나 부탁했었는데, 데이비드에게 들은 바로는 침대 옆 탁자에 그 기도문을 두고 있었다고 한다.

> 사랑하는 주님,
>
> 저를 이끌어 어둠을 지나 빛에 이르게 하소서.
>
> 고통을 지나 평화에 이르게 하소서.
>
> 죽음을 지나 생명에 이르게 하소서.
>
> 제가 어디를 가든 저와 함께하시고
>
> 제가 사랑하는 이들과 함께하소서.
>
> 그리스도의 이름으로 구합니다.[9]

▼ ▼ ▼

사도 바울은 (또는 누가 되었건) 에베소 교인들에게 자기가 기도할 때 늘 그들을 기억하고 무엇보다 하나님이 "계시의 영을 너희에게 주사 하나님을 알게" 해 달라고 구한다는 내용의 편지를 썼다. 이것은 바울이 구하리라고 예상할 만한 내용이다. 그러나 바울은 설명 구절을 하나 덧붙인다. 나라면 생각하지 못했을 내용이었기에 그동안 전혀 눈여겨보지 않았던 대목이었지만, 그 문구가 내게 튀어나오는 것처럼 다가왔다. 사도 바울은 "너희 마음의 눈을 밝히사 그의 부르심의 소망이 무엇[인지 알게 하시기를]" 구했다. 여기서 내 눈을 끈 구절은 물론 '너희 마음의 눈'이었다. 이전에는 보지 못한 대목에서 내게 꼭 필요한 시점에 그런 표현을 발견하다니, 토마스 브라운 경이라면 "오, 높으신 분이여!" 하고 찬양했을 것이다. 첫 손자를 계단에서 처음 만난 날, 내 육신의 눈으로 본 것은, 은빛 도는 금발에 눈동자가 청바지처럼 파란, 자그마한 사내 아기가 엄마 품에 안겨 내쪽으로 다가오는 모습이었다. 그러나 내 마음의 눈으로 본 것은, 조금도 망설이지 않고 내 목숨을 바칠 수 있는 생명이었다. 마음의 눈으로 바라본다는 것은 곧 모든 나라를 마법왕국으로 보는 것이다.

에베소서는 "그의 부르심의 소망"을 우리가 마음의 눈으로 보게 되리라고 말한다. 그리고 내가 발을 올린 자세로 미지근한 커피 한 잔을 곁에 두고 앉아 있는, 이 고요하고 책이 가득한 방에서 마음의 눈으로 보는 모든 것이 갑자기 그 소망을 외친다. 미국 소설이 꽂혀 있는 책장 한 칸에는 유리공이 하나 있다. 유리공을 흔들면 그 안에 눈이 내리고 하얀 눈송이들이 도로시 위로 서서히 쌓인다. 도로시는 죽음의 양귀비 언덕에서 토토와 함께 향기에 취해 쓰러져 있었다. 그 옆에 서 있는 충직한 양철 나무꾼은 한 손을 이마 위로 올리고 도로시를 구해 줄 것이 없는지 찾는다. 나무꾼의 양철 머리에 달린 눈은 다름 아닌 눈송이가 도로시를 깨워 주리라는 것을 보지 못한다(영화의 내용). 자기와 허수아비가 결국 도로시를 안전한 곳까지 데리고 가리라는 것을 보지 못한다(책의 내용). 혹은 그리고 이야기의 진정한 **136**

마법사인 작가 L. 프랭크 바움이 결국 그 어떤 것도, 심지어 나쁜 마녀와 그 군대마저도 자기가 사랑하는 이 생물들을 해칠 수 없게 할 것이며, 그것은 그들이 자기 소유이자 자기 안에 살고 움직이고 존재하기 때문임을 보지 못한다. 물론 양철 나무꾼은 마음의 눈으로 이 모든 것을 볼 수가 없다. 그 장면에서는 마법사에게서 아직 마음을 받지 않았기 때문이다.

같은 책장 같은 칸에 가네샤상像이 있다. 당당하고 친절한 가네샤는 파르바티˙의 아들이자 문지기다. 시바는 홧김에 가네샤의 머리를 잘라 버렸다가 나중에 미안해하며 코끼리 머리를 대신 달아 주었다. 가네샤상은 테라코타로 만들어졌고 올챙이 배를 내밀고 앉아 있다. 네 개의 팔에 달린 손에는 네 개의 장난감, 즉 코끼리 모는 막대기, 염주, 적선그릇, 텔레비전 리모컨처럼 생긴 물건이 들려 있다. 가네샤의 코끼리 코는 왼쪽 가슴 바로 위로 절묘하게 감겨 있고, 오른다리는 몸 아래쪽에 들어가 있다. 머리에는 교황이 경축행사 때 쓰는 3중관을 연상시키는 관이 얹혀 있다. 가네샤가 무언가를 타고 갈 때는 생쥐를 이용하는데, 생쥐는 작고 영리하여 어떤 장애물도 요리조리 빠져 나간다. 가네샤가 걸어갈 때는 모든 장애물을 맨발로 짓밟거나 코끼리 코로 감아서 뽑아버린다. 가네샤는 번영과 행복의 수여자이고, 무슨 일을 시작하건, 심지어 다른 신을 섬기는 일조차 먼저 가네샤를 예우한 후에 해야 한다고 전해진다. 나는 내가 마음의 눈으로 본 것을 소망할 때 가네샤의 도움을 구함으로써 예우한다.

그러나 나는 이 내용이 하나님에 관한 진실이기를 바란다. 예수님에 관한 진실이기를 바란다. 제이미와 내가 생전에 마지막으로 만난 것이 마지막 만남이 아니기를 바란다. 내가 그렇게 말했을 때 제이미는 "아하" 하고 응답했다. "아하"는 아이를 위로할 때 쓰는 말이고, 아이에게 위로받을 때 터져 나오는 말이다. 얼마 전 나는 손자 딜런에게 그런 위로를 받았다. 우리는 같이 해먹 위에 누워 있었다.《개미와 꿀벌과 무지개*Ant and Bee and the Rainbow*》를 백오십 번 쯤 읽고 나서 흔들리는 나뭇잎 사이로 우리 머리 위 20미터 정도 높이인 단풍나무 꼭대기를 바라보며 누워 있다가 저기 도달하려면 새가 되어야겠다는 결론을 내렸다. 아니면 천사가 되어야 해요, 네 살배기 딜런이 그렇게 말했다. 그 말과 함께 우리의 대화는 다른 방향으로 진행되었다. 딜런은 자기는 언젠가 천사가 될 거라고 말했다. 나는 그렇게 되려면 시간이 아주아주 많이 지나야 할 거라고 했다. 그리고 내가 천사가 된다면 딜런보다 훨씬 먼저 천사가 될 거라고, 천사가 되어서 딜런을 기다리겠다고 말했다. 그러자 딜런이 이렇게 얘기했다. "제가 거기 가면 할아버지가 어디를 가시든지 따라다닐 거예요."

나는 "아하" 하고 응답했다.[10]

기억의 소망

한번은 어머니가 갑자기 소리를 죽여 친밀한 목소리로 이렇게 물으셨다. "사람이 죽고 나면 무슨 일이건 **벌어진다**고 정말로 믿니?" 내가 무슨 말을 하더라도 딴 데 가서 이야기하지 않겠다고 안심시키는 듯한 목소리였다. 그래서 나는 집으로 돌아가 답변을 글로 썼다. 어머니는 그 글을 절대 읽으실 것 같지 않았지만 그런 내용을 소리를 질러 가며 전할 수는 없었다. 그러나 이제 어머니는 내가 알 수 없는 방식으로 그 답변을 아신다. 그러니 누가 아는가, 내가 마음의 눈으로 보는 유일한 소망도 어머니가 알고 계실지. 그 소망은 도깨비불 이상의 것일까? 어머니는 그것도 아실지 모른다. 어쩌면 아무것도 모르실 수도 있다. 어머니가 남긴 것은 유골함에 담긴 것이 전부니까. 나는 제이미에게 펜실베이니아주 어윈의 묘지에 어머니의 유골을 안치하는 일을 맡아 달라고 부탁했다. 그러면서 어떻게 그토록 오랫동안 어머니에게 필요한 일은 다 동생이 했을까 하는 생각을 했다. 사람이 죽으면 정말 무슨 일이건 **벌어질까**? 지미가 아직 살아 있어서 위자보드*로 어머니를 찾는다면 뭐라고 대답하실

▶ 사후영혼과 대화를 위해 만들어진 보드게임.

까?

아버지가 뭐라고 하실지는 안다. 한 번 말씀하신 적이 있기 때문이다. 적어도 아버지가 그 말씀을 하셨을 가능성은 있다. 위자보드로 게임을 하지 않은 지가 오래 된다. 지미가 경험한 바가 있음에도 불구하고, 나는 늘 위자보드가 뭔가 어둡고 다소 불건전하다고 생각했기 때문이다. 그런데 몇 년 전 한 번, 나는 왼손으로 아버지와의 대화를 적어 보는 시도를 한 적이 있다. 아이 같이 삐뚤삐뚤한 왼손 필체는 아버지를 알던 시절의 어린 나를 지금의 나와 이어 주는 것 같았고, 아무도 모르는 일이지만, 어쩌면 아버지와도 이어 줄 것 같았다. "저 너무 걱정했어요. 너무 무서웠어요." 내 왼손이 그렇게 썼고, 아버지의 답장이 돌아왔다. "무서워하지 마. 걱정할 것 없다. 그건 내가 몰랐던 비밀인데 이제는 안단다." 아직도 그 원고가 내게 있다. 글자가 너무 비뚤어져서 알아보기 힘들다. "무엇을 아시는데요, 아빠?" 이렇게 적혀 있고 아버지의 대답이 이어진다. "많은 것을 알지. 모든 게 좋아."

가네샤가 커다란 코끼리 코로 길을 터 주고, 미로를 빠져 나갈 길을 찾으라고 생쥐를 빌려 준다면 얼마나 좋을까. 내가 마음의 눈으로 본 것이 사실일 수 있을까? 아버지가 하신 말씀이 사실이고, 그 말을 한 장본인이 어떤 의미에서 정말 아버지일 수 있을까? 제이미와 내가 서로를 마지막으로 본 것이 아닐 수 있을까? 홀로 된 재키는 "마지막 순간에 그이가 다정한 머리를 **142**

떨구던" 모습이 뇌리에서 떠나질 않는다고 썼다. 그 문장을 읽고 나자 그 모습이 내 뇌리에서도 떠나지 않는다. 그 모습을 마지막으로 동생의 모든 것이 끝났다고는 차마 생각할 수가 없다.

"음. 적어도 그때 날 본 것이 마지막은 아니었다고 말할 수 있겠구나." 나야 할머니는 그렇게 말씀하신다. 지금 내가 할머니를 보고 있는 듯한 느낌인 것은 사실이다. 우리가 트라이언에 살던 시절에 내가 기억하는 할머니의 모습대로 하얀 린넨 드레스 차림이다. 그 시절 할머니는 테라스에 놓인 고리버들 공작의 자에 자주 앉아계시곤 했는데 뒤쪽으로는 멀리 블루리지산맥이 펼쳐져 있었다. 할머니는 지금 서재에서 내가 앉아 있는 의자와 대각선에 놓인 의자에 앉아 계신다. 그녀의 오른쪽에는 창문 세 장이 들어간 창틀이 있고 그 창턱 위에는 지미의 두상과 아우터파른에서 가져온 하트 모양 돌멩이를 포함해 다양한 물건들이 흩어져 있다. 그녀의 왼쪽에 있는 벽난로 선반에는 존 쿠벤호벤이 담뱃값 포장지로 만들어 준 접시가 있다.

"네 어머니의 질문에 대한 답으로, 어쨌거나 **내가** 나타났다." 할머니가 말씀하신다.

나타난 것은 할머니의 환상일 뿐일까? 오랜 세월 전, 모두가 살아 있던 시절의 환상? 나야 할머니는 그분을 떠올리게 할 만한 단어들을 내가 최대한 신중하게 선택하여 불러낸 꿈일 뿐일까? 나는 제이미를 불러내려 시도한다. 짧은 순간 동생은 커다란 창 반대쪽, 그러니까 서재 안쪽의 그늘진 부분, 책장에 전기

傳記들이 꽂혀 있는 지점이자 관이 두 개 달린 황동램프가 있는 탁자 옆에 서 있다. 혈색이 불그레하고 잘 맞는 카키색 바지와 소매를 걷은, 파란 브룩스브라더스 셔츠 차림이다. 내가 하려는 말에 웃음을 터뜨릴 준비라도 된 듯이 고개를 살짝 뒤로 젖히고 있다.

나야 할머니가 말씀하신다. "내 가엾고 무지한 손자야. 왜 환상만 말하는 거니? 왜 꿈만 말하는 거야? 다른 사람도 아니고, 종교적 심성을 가진 네가? 너와 달리, 나는 사도 바울을 흠모한 적이 없단다. 그 사람 언제나 황소고집에 화를 잘 내는 데다 툭하면 너무 길고 꼬인 문장을 구사해서 본인도 무슨 말을 하는 것인지 잘 모른다는 생각이 들 때가 많았어. 물론 가끔 그는 천사의 언어로 말했지. '눈으로 보지 못하고 귀로 듣지 못한 것들, 사람의 마음에 떠오르지 않은 것들을 하나님께서는 자기를 사랑하는 사람들에게 마련해 주셨고,…하나님께서는 이런 일들을 우리에게 계시해 주셨다.' 고전 2:9-10, 새번역 네가 환상과 꿈에 '불과'하다고 치워 버리는 것들을 통해서가 아니라면 하나님은 무엇을 통해서 계시하신 거지?"

"제가 할머니 입에 이 모든 말을 집어넣고 있는 건가요?"

"아니야. 내가 온갖 말을 네 입에 넣어 주고 있는 게 아니듯이 말이지."

나야 할머니의 하얀 드레스 자락은 햇살을 받아 눈부시게 빛나고 그 윗부분은 그늘져 있다. 할머니 얼굴을 어떻게 묘사할 144

수 있을까? 오래된 책의 종이처럼 얼룩덜룩하다. 머리카락은 회색이고 가운데 가르마를 타고 있다. 어렸을 때 나와 제이미는 할머니가 코에다 빗을 대고 이마 위로 천천히 올려서 가운데 위치를 잡는 모습을 지켜보곤 했다. 눈꺼풀 아래로 할머니의 눈이 반짝였다. 아직 일어나지 않은 뭔가를 향해 미소 짓는 것 같다.

내가 말한다. "그럼 하나님은 그분을 사랑하는 이들에게 무엇을 마련해 주셨어요? 할머니 말씀을 꼭 듣고 싶어요. 제이미가 죽은 거 아시죠."

할머니는 고개를 살짝 돌려 창밖을 바라보신다. 초가을, 환한 아침이다. 나뭇잎은 아직 거의 다 초록색이지만, 여기저기에 적갈색이 살짝 뿌려진 것을 볼 수 있다. 할머니가 손을 내밀어 한 손가락을 창유리에 가볍게 대시자 사파이어 반지가 햇빛에 반짝인다.

"나는 제이미를 위해 검은색 양털양말을 떠서 목덜미에 혹이 있는 윌리 웨스트필드 영감에게 귀갓길에 우체국에 들러 부쳐 달라고 부탁했단다. 떨어지지 않는 양말은 그 양말밖에 없다고 제이미가 늘 말했지. 발톱 때문에 다른 양말은 다 구멍이 난다고 하더구나. 발톱 손질에 시간을 많이 들이지 않은 것 같아."

창턱에는 플렉시유리 액자에 담긴 우리 형제의 사진이 있다. 우리는 수영복 바지 차림으로 플로리다 해변에 서 있다. 제이미의 어깨에는 자주색과 흰색의 줄무늬 수건이 걸려 있고, 나는 하얀색 수직手織 셔츠를 입고 있다. 나는 눈을 감았고 제이미는 나를 바라보고 있다. 둘 다 웃는 얼굴이다.

"나는 죽고 나면 모든 것이 분명해질 거라고 항상 생각했단다. 즉시 천상의 존재들과 함께 있게 되고, 이해할 수 없던 모든 일이 명쾌하게 밝혀지고, 모든 눈물이 눈에서 씻겨 나갈 거라는 요한계시록 구절처럼 이전의 모든 의심이 흔적도 없이 사라질 거라고 상상했지. 슬픔도, 울음도, 고통도 더는 없을 거라고. 그 구절이 어찌나 아름답던지 가엾은 이들의 장례식에서 그 성경 구절이 낭송되는 것을 들으며 갈보리 교회에 앉아 있을 때는 그 내용이 사실로 믿어질 지경이었단다."

나야 할머니는 창문에서 고개를 돌려 다시 나를 바라보신다. 의자 팔걸이에 팔꿈치를 놓고 두 손 손가락들을 마주 대고 그 너머로 나를 바라보신다.

"하나님은 그분을 사랑하는 이들에게 무엇을 마련해 주셨니?" 할머니는 내 질문을 되물으신다. "여기 상황은 내가 늘 믿던 것과는 다르단다. 신비는 여전히 신비일 뿐 아니라 내가 생각하던 것보다 더 깊고 크구나. 여기에 와 보니 하늘을 올려다볼 때 가끔 구름이 갈라진 부분이 있고 이것 봐라, 하듯 그 사이로 갑자기 진짜 하늘이 얼핏 보이던 상황이 떠오르는구나. 내가 말할 수 있는 최대치는, 하나님이 마련해 주신 것은 다름 아닌 우리라는 거다. '우리'에는 그분을 사랑하는 사람들만 들어가지는 않아. 그들만 품는다면 반대세력을 배제해 버리는 옛 죄인과 비슷한 처사겠지. 좋은 쪽으로든 싫은 쪽으로든 하나님은 안중 146

에도 없는 이들까지 포함되겠지."

"그럼 거기 계신 할머니가 여기 있는 저보다 더 많이 보시는 게 없단 말인가요? 보좌에 앉으신 어린양도 없나요? 모든 것이 여전히 거울로 보는 것처럼 침침한가요?"

"여기는 자리가 더 좋단다." 한동안 방에는 침묵이 흐른다. 구름이 태양 위를 지나가고, 언덕은 희뿌연 청색이 되었다. "지미가 위자보드 위로 몸을 구부린 모습이 그려지는구나. 콧등에선 안경이 흘러 내렸고 우리가 어느 겨울에 빌려 살던 통나무집에 딸린, 작고 아담한 피아노 앞에서 보이던 집중력을 보여 주었지. 내가 너보다 더 잘 보는 것은 아니지만, 이곳에서는 더 멀리까지 보이고, 더 멀리 볼수록 그 너머에 볼 것이 훨씬 더 많음을 더 잘 이해하게 돼. 그러니까 네 아버지 말이 옳았던 거야. 아니, 그건 그저 네 왼손이었던가? 네가 보는 것이 때로는 다소 무서울 수 있고 언제나 너를 압도하겠지만, 네 아버지가 말한 것처럼 다 좋단다. 거기에 내가 가진 것을 몽땅 걸겠다." 할머니는 손가락을 떼어 잠시 허공에 들고 있다가 부드럽고 단호한 짝 소리와 함께 다시 모으신다. "끝없는 하늘처럼 좋단다. 파랗고 맑은 하늘처럼 말이야."

"대기의 경치라. 텅 빈 곳인 것 같군요."

"다들 여기 있단다. 여기서 그들은 지금 나와 함께 있는 너보다 더 분명하게 존재한단다. 그들은 이제 더 자기답기 때문이지. 그들은 이전의 그 어느 때보다 자기답단다. 그들이 함께 있을 때는, 지난번에 너와 그 꼬마가 해먹 위에 함께 있으면서 머리 위 나뭇잎을 올려다 보다가 네가 갑자기 벅찬 감동을 느끼던 것과 상황이 비슷해져. 그때 네가 감동한 것은 아이가 했던 말 때문이기도 하지만, 무엇보다 그때 그 아이가 아이로 존재할 수 있었다는 사실과 네가 그 아이의 도움을 받아 한동안 너로 존재할 수 있었기 때문이야."

"그럼 제이미는요?"

"제이미도 서서히 자기를 발견할 테고, 서서히 우리 모두를 찾아낼 거란다. 물론 제이미도 누군가에게 발견이 되겠지. 아무도 상실되지 않아. 아무것도 상실되지 않아."

"고맙습니다."

"사랑하는 손자야, 네 질문이라면 언제든 환영이지. 나도 너의 도움으로 더 잘 할 수 있었다면 좋았을 텐데. 나는 꿈이지만 꿈만은 아니란다. 이것을 기억해 주겠니?"

나는 기억하겠노라고 말씀드린다. 어쩌면 정말 기억할지도 모른다.

▾ ▾ ▾

나야 할머니의 이야기는 진리 비슷한 것일까? 내가 생각해 낸 다음에 할머니 입에 넣은 진리가 아니라, 하나님만 그 출처를 아시고 그분에게서 내게 오는 진리 말이다. 고드릭은 그런 식으로 내게 왔고, 레오 벱도 그랬다. 내가 알던 것보다 더 잘 말하고 내 148

실제 모습보다 더 잘 해냈던 인생 최고의 순간들은 모두 그런 식으로 찾아왔다. 할머니의 이야기가 그런 것인지 아닌지 누가 알겠는가?

어머니가 반쯤은 쑥스러워하며 숨죽여 건넨 질문에 대한 할머니의 답변은 이렇다. 우리가 죽은 후에 벌어지는 일은, 할아버지가 즐겨 부르시던 동요에 나오는 개처럼, 우리가 한 발 한 발 걸어 도버로 간다는 것이다. 할머니는 도버가 하나님이 우리를 위해, 그분을 사랑하든 그렇지 않든 우리 모두를 위해 예비하신 것이라고 말했다. 적어도 지상에 묶인 이 도로 구간에서는 아무도 이 도버를 눈으로 보지 못했고 귀로 듣지 못했고 마음에 떠올리지 못했다. 우리는 거기서 마침내 자신의 참된 자아를 발견하고 서로의 진실과 신비의 진실도 발견하게 된다. 나야 할머니는 본인이 가장 달가워하지 않던 성자와 아주 비슷한 말을 했다는 것을 알고 계실지 모르겠다. 그 성자는 "마침내 우리 모두 온전한 사람이 되어서"라고 표현했는데, 나는 이어서 울려 퍼진 약약강 운율에 할머니가 자신도 모르게 감탄했을 거라고 믿지 않을 수 없다. "to the measure of the stature of the fullness of Christ(그리스도의 충만하심의 경지에까지 다다르게 됩니다)." 이후 다음 구절이 차분하게 이어진다. "우리는 사랑으로 진리를 말하고 살면서 모든 면에서 자라나서 … 그리스도에게까지 다 다라야 합니다."엡 4:13, 15, 새번역

149 음, 내가 할 수 있는 말은 아멘, 아멘뿐이다. 내가 이것이 진

실이라고 보는 이유는 진실이기를 바라기 때문이다. 나는 이것이 진실임을 직감한다. 그리고 가끔은 내 안에서도 조금이나마 진실이 되기 시작한다고 느낀다. 나이가 들수록 나의 내성적인 모습은 줄어들고 괴짜가 되어 간다. 내 진짜 모습 쪽으로 움직이고 결과에 얽매이지 않고 행동하기가 점점 더 쉬워진다. 다른 사람들의 진짜 모습을 받아들이고 그들과 어울리는 것도 더 쉬워진다. 사람들의 진짜 모습은 그 핵심에 있어서 나를 포함한 나머지 인류와 상당히 비슷하지 않을까 싶다. 나는 잘 모르는 사람들에게 마치 늘 알던 사람인 양 말을 걸고, 일흔 살 이전에는 꿈에도 말하지 않았을 내용을 말하는 모험을 감행하고 있다. 얼마 전 한 젊은 여성이 스위스에서 다이나 가족과 함께 이곳에 왔는데, 자신에게 만족하지 못하고 자기가 얼마나 아름다운지 모르는 것 같아 내가 그 여성에게 참 아름답다고 말해 주었다. 그리고 다른 때도 아니고 교회 다과시간에 손자 트리스탄과 한동안 간지럼 쥐 놀이를 하면서 아이의 주의를 사로잡아 아이 엄마가 집에 갈 준비를 할 시간을 벌어 준 후에, 옆에 서 있던 모르는 여성에게 간지럼 쥐가 풀려났으니 조심하는 게 좋을 거라고 너스레를 떨었다. 그 말에 그녀는 간지럼 쥐가 자신에게 뛰어들 수도 있겠다는 생각에 더없이 즐거워했다. 여러 해 전, 여기저기 강연과 낭독회를 처음 다니기 시작했을 때, 나는 강연과 낭독 시간 후에 이어지는 질의응답 순서가 무서웠다. 질문에 뭐라고 어떻게 대답할지 몰랐고 사기꾼과 다를 바 없는 듯한 내

실체를 청중이 알아보지 않을지 불안했다. 하지만 지금은 질의 응답시간이 행사전체에서 내가 제일 기다리는 순서이고, 처음 보는 사람들을 가족이라도 되는 것처럼 대하는 내 모습을 보게 된다.

물론 스스로 자신을 웃음거리로 만들 위험은 있다. 아니, 그 정도가 아니라, 얼마 전 사람들이 잔뜩 모인 시끌벅적한 파티에 서 그랬던 것처럼, 아주 무례한 언행을 일삼게 될 수도 있다. 그 때 나는 파티 여주인에게 이런 자리에 초대받는 것은 모욕이라 고 말했다. 이런 파티는 진정한 유쾌함과는 아무런 관계가 없고 사교적 빚을 갚는 잘못된 방법일 뿐이며, 다들 여기 안 오고 집 에 있을 수만 있다면 그런 빚 따위 얼마든지 탕감해 줄 거라고 했다. 그러나 내 경험상 위험보다는 보상이 훨씬 크다. 주된 보 상은 낯선 사람들에게 친구처럼 말을 걸면, 대개의 경우 적어도 만남이 이어지는 동안은 그들과 친구가 된다는 것이다. 그리고 그 과정에서 그들이 나를 좀 특이하게 본다고 한들 무슨 문제가 있겠는가? 사실 나는 오랜 전통처럼 서로 조심하고 신중하게 대하다 보니 일정한 선을 넘기 어려워진 지인들과 함께 있을 때 보다 낯선 친구들과 함께할 때 더 마음 놓고 자기 모습에 충실 할 수 있는 경우가 많다. 여러 해 동안 알고 지낸 많은 이들보다 우체국에 갈 때만 만나는 우체국 직원 리치가 더 가깝게 느껴지 고 리치와 주고받는 정감 어린 농담으로 더 힘을 얻는다.

151   "아들, 사람들이 이런 것들을 알아야 한다고 생각하지 마."

친구 지미는 자신의 성적 정체성을 밝힐 경우 어머니가 이런 말로 대꾸할 거라고 상상했다. 그러나 지금 내게는 그 말이 지미가 특유의 나른한 어조로 내게 하는 말로 들려온다. 지미는 내 첫 번째 하버드 노블 강연을 듣고 나서 예의 그 나른한 어조로 "광란의 장면"이라고 말했다. 한 시인과 그 아내가 어느 때 못지 않게 활기 넘치는 모습으로 돌아왔다는 말을 듣고는 역시 나른한 어조로 "그 사람 돈은 넘치지"라고 말했다. 지미가 같은 어조로 "자네의 그 오래된 바보 같은 말들"이라고 말하는 것이 들려온다. 그런 말들을 아예 꺼내지 않고 다시는 그런 강연을 하지 않도록 힘을 다하는 것이 낫지 않을까? 그러면 나는 실내화차림 성직자 어릿광대라는 '별종'으로 일찌감치 전락해 버리는 신세를 면할 수 있을지도 모른다. 지미는 그것을 '장로교 어릿광대'라고 표현했다. 본인의 삶으로 감행했던 훨씬 더 무모한 모험을 염두에 두고 말한 것 같다. 지미는 조금도 다른 사람들과 똑같이 보이려고 하지 않았다. 다른 아이들과 똑같아야 한다는 압력이 잔인할 정도로 강하던 로렌스빌에서의 어린 시절에도 그런 압력에 전혀 굴하지 않았고, 언제나 자신이 아는 자기 모습인 '다른 사람', '못난 사람'으로 남아 있었다. 그리고 실천적 동성애자로 계속 살아가면 치명적인 결과가 따라올 수 있음을 알고 난 후에도 그 길을 바꾸지 않았다(나른한 어조로 "꾸준히 실천해야 완벽해진다"고 말하는 지미의 목소리가 들린다).

그에 반해, 나는 얼마나 소심했던가. 내 인생에서도 그랬고

네 권까지 나온 회고록에서도 그랬다. 모든 이의 내부에 거하는 어두운 손님을 가끔 건드렸을 뿐, '나'라는 존재의 도무지 어쩔 수 없는 일부인 정욕, 분노, 유치함, 압도적 불안을 완전히 발가벗기는 모험을 감수한 적이 없다. "젊은이들만 착하게 죽습니다." 영국의 전직 대성당 주임사제가 다이애나비가 죽었을 때 내게 이렇게 써 보냈다. "우리는 신화와 동화를 먹고 삽니다. 중년의 로미오가 색을 밝히고 살이 찌고, 줄리엣이 걸핏하면 짜증을 내고 편두통에 시달린다면 어떻게 될까요? 거울을 들여다보니 불성실하고 위선적이고 이기적인 사람, 지치고 늙어버린 냉소가가 있군요. 하지만 한때 나는 아름답고 젊은 성직자였습니다. 내가 서른아홉에 죽었다면 그런 모습으로 기억될 수 있었을 것입니다."

나는 거울에 보이는 최악의 모습 중 아주 일부만 드러냈고, 최고의 모습을 드러내는 데는 더더욱 몸을 사렸다. 나는 그분이 어떤 큰 소망으로 우리를 부르셨는지 마음의 눈으로 보았지만, 수줍음 또는 자신감 부족 탓에 그 소망에 대해 잘 말하지 않았고, 저서를 쓸 때도 대부분 아주 완곡하고 모호하게, 주저하며 다룬 경향이 있었다. 그 소망을 그저 희망사항 정도로 여기는 독자들이 그 내용에 귀를 닫고 신뢰를 거두어 들이지 않을까 우려한 탓이다. 나는 특히 소설을 쓸 때 과장하지 않으려고 조심했는데, 그것이 내가 가장 다가가고 싶은 사람들, 종교라면 대체로 거들떠보지도 않는 사람들에게 다가가는 더 전략적인 방법이라고 보았기 때문이다. 그러나 그 근저에는 두려움이 깔려 있는지도 모른다. 내가 여러 해에 걸쳐 거룩함(여기서도 나는 하나님이나 예수님이라고 말하기를 주저한다)을 살아 있고 치유하고 구원하는 존재로 거듭거듭 경험한 일을 너무 많이 말하면, 내가 알고 좋아하는 사람들 대부분이 나를 난처한 존재로 치부할지 모른다는 두려움 말이다.

대부분의 경우 나는 오로지 소설에서만 내 마음의 눈으로 본 것을 거침없이 말했다. 나이 든 고드릭이 나무에 달린 나뭇잎들에서 그리스도의 얼굴을 알아보고 그 입술이 소리 없이 자신의 이름을 말한다는 것을 깨닫는 장면. 안토니아 파˚가 실버를 타고 천둥처럼 말발굽을 울리며 관목이 외롭게 펼쳐진 사막을 달려가는 론 레인저 같은 모습의 그리스도를 떠올리고는 그것이 "꺼져가는 빛의 은빛 속임수"에 불과할 수도 있다고 지레 덧붙여 방어막을 치는 장면. 앙상하고 가슴이 푹 꺼진 볼품없는 소년 브렌든이 하늘에 천사들이 큰 화환처럼 펼쳐져 있는 모습을 보고, 하나님의 자비로 그들 노랫소리를 듣는 장면. 켄지 맥스웰이 아침 식사 전에 골프 코스를 산책할 때마다, 심지어 가장 따뜻하고 바람 한 점 없는 날에도 여지없이 콧구멍에 감도는 냉기를 느끼고, 눈처럼 흰 새가 머리 위 공중에서 맴도는 것을 보는 장면. 그 모두에 내 이야기가 담겨 있다.

▶   비크너가 창조한 소설 작품 속 인물. 레오 벱 시리즈에서 화자로 나오는 젊은이.   **154**

　나는 하나님을 경험한 바를 이야기하는 모험을 감행했지만, 거기에서 흘러나올 거라고 독자가 기대할 만한 삶을 사는 것은 모험을 뛰어넘어 내 수준이 미치지 않는 모종의 거룩한 무모함으로 들어가는 일이다. 이것이 하나님에 대한 사실이라면, 내 아버지가 말씀하신 대로 염려할 것이 전혀 없다. 죽음도, 삶도, 세상에서 가장 사랑하는 사람들을 잃는 것조차도 염려할 것 없다. 나야 할머니 말씀대로, 아무도 정말로 상실되지는 않기 때문이다. 이것이 사실이라면, 우리가 남은 나날 동안 많은 것들을 계속 두려워하며 살아간다 해도, 가장 깊고 가장 최종적 의미에서는 두려울 것이 없다. 이것은 내가 닿지 못할 정도로 경지가 높은 믿음이지만, 적어도 한 번은 잠깐 엿본 적이 있다.

　어느 날 비행기를 타고 어딘가로 가고 있을 때였다. 갑자기 난기류를 만나 비행기가 미친 말처럼 흔들리고 들썩이기 시작했다. 나는 상황이 가장 좋은 때에도 불안에 떠는 비행기 승객이기에, 죽을 때가 되었다고 생각하며 잔뜩 겁에 질렸다. 그런데 다음 순간 갑자기 두려움이 사라졌다. 뇌리에 두 가지가 스치고 지나간 걸로 기억한다. 하나는 신명기의 한 구절이었다. "그의 영원하신 팔이 네 아래에 있도다."_{신 33:27, 개역개정} 몇 분 간 나는 그 의미를 이해했을 뿐 아니라 그 말씀이 사실이라는 것과 내 최악의 두려움이 현실이 된다 해도 그 재난 아래에서 그것을 떠받치고 초월하는 그분의 팔이 우리를 구원해 줄 것임을 마음 깊은 곳에서 일말의 의심도 없이 확신했다. 다른 하나는 어딘가에서 읽은 불교의 은유였다. 내가 기억하는 내용은 우리 모두가 질그릇과 같다는 것인데, 시간이 감에 따라 각 질그릇은 금이 가고 깨어지고 마침내 허물어져 딱 한 가지 빼고는 아무 것도 남지 않게 된다. 질그릇에 남는 그 하나는 가장 중요한 부분이 자 질그릇에 궁극적으로 유일하게 실재하는 부분이기에 천지 에 있는 아무것도 그것을 파괴하기는커녕 건드리지도 못한다. 그것은 질그릇이 담고 있던 공空, emptiness이다. 질그릇의 공은 다 른 모든 질그릇의 공과 하나이고 공 자체와 하나이다. 그 공 자 체를 무와 혼동해서는 결코 안 되며, 공 자체를 부르는 많은 이 름이 있으니 열반, 득도, 영생, 하나님의 평화 등이다. 그 순간, 나는 9천 킬로미터가 넘는 상공에서 상하로 요동치는 비행기 안에 있으면서도 무슨 일이 벌어지는지 두렵지 않을 뿐 아니라 '맞아, 그것이 사실이야' 하는 앎에 반쯤 취해서 어느새 그 상황 을 엄청나게 즐기고 있었다. 염려할 것이 없었다. 두려워할 이유 가 없었다. 그것이 전부였다. 전부였고, 영원히 언제나 좋았다.

▼　▼　▼

들리는 소리라곤 누군가가 내게 준 시계의 똑딱거림뿐이다. 그 시계의 중앙에는 도로시와 북쪽의 착한 마녀와 토토가 있고, 옛 날 오즈 영화에 나오는 다른 열두 등장인물이 각각 시각을 표시 한다. 책들은 모두 입을 다물고 있고 지미의 청동 두상도 말이 없다. 제이미와 나는 파리한 하늘 아래 해변에 함께 서 있다. 줄　**156**

스와 마티 부부의 손녀인 내 어머니는 하얀 드레스의 무릎 근처에 꽃다발을 거꾸로 쥐고 계신다. 광기에서 깨어난 늙은 리어 왕이 코델리아의 이마에 손을 올려놓는다. 내 아버지의 시계 옆 부처상은 호리호리한 팔을 높이 들어 올리고 있다. 나야 할머니의 모습은 한동안 보이지 않고, 어떤 생물도 꿈쩍 하지 않는다. 생쥐조차도.

마법왕국의 마법적 요소는 올바른 눈으로 바라보면 그보다 더 마법적인 나라, 신랑을 위해 단장한 신부처럼 예비된 채로 하늘에서 내려오는 나라를 가리킨다는 데 있다. 그 나라의 보좌에 앉으신 분이 "보라, 내가 만물을 새롭게 하노라"고 말씀하신다. 그 나라의 거리는 맑은 유리 같은 황금이고, 각 성문은 한 개의 진주로 되어 있다.[11]

157

3.

비밀, 은혜, 하나님이 말씀하시는 방법에 대한 사색

비밀

아버지의 죽음을 알리고 아버지의 인생이라는 문장의 끝에 마침표를 찍을 장례식은 없었다. 내가 기억하는 한 아버지가 돌아가신 이후 어머니와 동생과 나는 아버지에 대해 서로에게는 물론 다른 누구에게도 거의 이야기하지 않았다. 아버지 이야기가 나오면 어머니가 너무 슬퍼하셨고, 안 그래도 슬픔이 주체하지 못할 정도로 많았기에 동생과 나는 어머니와 그 문제를 이야기하지 않았다. 어머니도 나름의 이유로 우리와 그 이야기를 피하셨다. 가끔 어머니는 아주 간접적으로만 그 일을 얘기하셨다. "너희는 이제 어른이 되어야 해." 또는 "이제 우리 모두의 상황이 달라질 거다" 같은 말씀을 하셨고, 내게는 "너는 이제 집안의 어른이야"라고 하셨던 기억이 난다. '이제'라는 그 짧은 단어에 그 단어가 짊어질 수 있는 것보다 훨씬 많은 슬픔과 분노와 죄책감과 온갖 것들이 가득 담겼다.

　우리 가족이 아버지에 대해 서로 이야기하지 않고 가족 바깥에서도 거의 말하지 않았던 데는 자살을 다소 비루하고 부끄러운 일로 여기던 당시 분위기도 어느 정도는 작용한 것 같다.

좋은 사람들은 엮이면 안 되는 일이었으니까. 아버지는 당신의 자살을 비밀로 하려고 어머니에게 남긴 쪽지를 어머니만 찾아낼 가능성이 높은 장소에 두셨고, 생전의 마지막 몇 주 동안 쉐보레의 배기장치에 문제가 있다며 고칠 수 있는지 보겠다는 말씀을 아주 여러 번 하셨다. 아버지가 그렇게 하신 것은 부분적으로는 본인의 생명보험이 계약무효가 되지 않기를 바랐기 때문이었으나 당연히 생명보험은 무효가 되었고, 자신이 어떻게 죽었는지 친구들이 알지 못하기를 바란 것이기도 했겠으나 당연히 친구들이 사정을 알게 되었다. 그럼에도 우리는 아버지의 자살을 최대한 비밀로 하려고 했고, 얼마 후에는 아버지 자체가 숨겨야 할 비밀이 되어 버렸다. 어떤 때는 아버지라는 비밀을 서로 상대에게 숨기려 하는 것처럼 보일 지경이었다. 가족 중 누가 "아버지가 이것을 하셨던 때를 기억하느냐" "아버지가 그런 말씀을 하셨던 걸 기억하느냐"고 말하던 때도 있었겠지만, 나는 잊은 지 오래다. 사람은 상당 부분 말을 통해 과거를 살아 있게 하고 자신에게 하는 말도 그런 작용을 하기에, 우리는 아버지에 관한 기억을 말하지 않음으로써 곧 아버지를 아예 기억하지 않게 되었다. 적어도 나는 그러했다.

아버지의 죽음 이후 두 달 만에 우리는 아버지가 돌아가신 뉴저지를 떠나 하고 많은 곳 중에 버뮤다섬으로 이사를 갔다. 다른 집, 심지어 다른 나라로 떠난 것이다. 그 시점부터는 내가 아버지를 기억했다는 기억조차 없다. 아버지가 돌아가시고 일 **162**

년도 안 되어서 나는 사진 몇 장에 남은 모습을 빼고는 아버지의 생김새를 잊었고, 아버지의 음성이며 아버지와 함께 있을 때의 느낌도 잊었다. 우리 셋 중 아무도 아버지 생전에 아버지에게 어떤 기분이었으며, 돌아가신 후에는 어떤 기분인지 말하지 않았기 때문에, 그런 감정들도 이내 사라져서 아버지의 기억과 더불어 의식 아래로 가라앉았다. 아버지를 알던 사람들을 통해 내가 알아낸 바에 따르면, 아버지는 매력적이고 잘생기고 점잖은 사람이었는데 운이 나빴고 술을 너무 많이 마셨다. 아버지를 사랑하고 안됐다고 여기는 사람들이 많았다. 사랑을 제대로 표현하지는 못했지만 아버지의 아내와 두 아들도 분명히 그들 중 하나였을 것이다. 그러나 얼마 안 가서, 적어도 내게는 아버지가 존재한 적도 없던 것처럼 되었다.

말하지 말고, 믿지 말고, 느끼지 말라. 이것은 이런저런 이유로 엉망이 된 가족들의 불문율이다. 그리고 이것은 분명 우리 가족의 법이었다. 우리는 벌어진 일에 대해 말하지 않았다. 세상을 믿고 우리의 비밀을 털어놓지 않았고, 서로를 믿고 털어놓지도 않았다.[12]

▾ ▾ ▾

우울증

시편 131편은 시편에서 가장 귀중한 시 중 하나이고 가장 짧은 시이며 가장 덜 알려진 시인 듯하다. 이 시는 이렇게 시작한다. "오 여호와여, 내 마음이 교만하지 않고 내 눈이 높지 않습니다. 내가 너무 큰일들과 나에게 벅찬 일들을 행하지 않습니다."

우울증 상태가 바로 이와 같다. 우울증에 빠져 있는 것 외에는 다른 일에 힘을 쓸 수가 없다. 아주 놀라운 일도 청각장애인에게 연주되는 음악 같고, 아주 큰 일도 시각장애인 눈앞에서 쏟아지는 별들 같다. 우울증 상태에서는 마음도 눈도 높은 곳에 두지 않는다. 그렇게 해 봐야 바닥에 있는 자신을 떠올리게 될 뿐이기 때문이다. 시편 시인처럼 "오 여호와여"라고 부르짖으려 해도, 그것은 고래 배 속에서 외치는 요나의 부르짖음 같다.

시인의 말은 이렇게 이어진다. "진실로 내가 내 영혼을 차분하고 평온하게calmed and quieted 하니." 이 구절을 보면서 아무것도 없는 것보다야 그나마 낫지만 그리 많이 낫지는 않다는 생각을 피할 수 없다. 우울증 자체가 바람이 없어 멈춘becalmed이라는 표현에서 보듯이 일종의 차분함calm이고, 평온한 절망이라는 표현에서 보듯이 일종의 평온함이 아닌가.

다음 구절에 가서야 시인이 완전히 다른 것을 말하고 있음을 발견하게 된다. 시인은 누구나 확실히 이해할 수 있도록 두 번에 걸쳐서 말한다. "젖 뗀 아이가 어머니 품에 안겨 평온한 것 같고, 내 영혼도 젖 뗀 아이와 같이 평온합니다." 배가 차고 충족감이 깃들 때 찾아오는 복된 노곤함, 과거의 어두운 시간이나 앞으로 있을 어떤 어두운 시간도 이 참되고 유일한 평화를 건드 **164**

릴 수 없다는 느낌, 샬롬이다. 시인이 발견한 것은 이와 같은 차분함이자 평온함이다. 그리고 시인에게 이 평안을 주신 여호와는 우리 모두의 성모이시다. 시인은 그분 가슴에서 젖을 마시고 영혼의 평안을 얻었다.

끝으로, 시인은 자기가 마신 젖이 바로 소망이라고 말한다. 우울증의 절망에 사로잡힌 이에게 소망은, 실연과 상사병으로 괴로워하는 이들에게 사랑과 같은 의미다. 시인이 말한다. "오 이스라엘아, 지금부터 영원히 여호와에게 소망을 두어라." 이스라엘처럼 소망하라. 이스라엘이 소망하던 방식으로 구원을 소망하라. 그러면 이미 절반은 구원받은 것과 같다. 소망할 수 없는 상황에서 소망을 붙들면, 이집트, 바빌로니아, 다하우 강제수용소에 있던 이스라엘처럼 포로 상태의 한계를 넘어서는 소망을 품게 된다. 우울증이 바로 그런 포로 상태와 같다.

하늘 아버지께 소망을 두라. 그분은 어머니시요, 주님이신 성모시니. 너무 높은 곳을 바라보지 말고 눈을 낮추어 양식을 공급받고 평온해지는 자기 안의 성소, 아기 예수처럼 되어 누울 수 있는 내면 가장 깊은 곳 구유에 눈을 두라.[13]

자살

구약성경에서 가장 유명한 자살은 사울왕의 자살이다. 사울왕은 블레셋 사람들과 전투 중이었다. 블레셋 사람들이 승리했다.

왕의 세 아들이 전사했고 왕도 궁수의 활을 맞아 부상당했다. 사울왕은 살아남아 적군에게 사로잡힐 경우 조롱거리가 될 것이 두려워서 무기 담당 병사에게 자신을 비참한 신세에서 벗어나게 해 달라고 청했다. 그 병사가 거절하자 왕은 자기 칼 위에 엎어졌다.삼상 31:4

물론 신약성경에서는 가룟 유다의 자살이 가장 유명하다. 예수께서 빌라도에게 끌려가 사형선고를 받자, 유다는 전에 받은 은돈 서른 닢을 유대인 지도자들에게 가져가 자신이 죄 없는 예수를 배반했다며 돌려주려 했다. 지도자들은 받지 않았다. 지도자들은 그것이 유다가 알아서 해야 할 문제라고 말했고 유다는 은돈을 땅바닥에 던지고는 나가서 목매달아 죽었다.마 27:3-5

성경은 자기 목숨을 끊는 것을 죄라고 언급하지 않는다. 자살을 수치스럽거나 비겁한 행위라고 여겼다는 암시는 전혀 없다. 사울과 유다의 경우처럼, 고통, 두려움, 절망이 특정한 지점에 이를 때, 자살은 자발적 행위라기보다는 반사작용이 된다. 산 채로 불에 타고 있는 사람 손에 총알이 장전된 권총이 들려 있다면, 권총의 방아쇠를 당겼다고 해서 심하게 나무라기는 어려울 것이다.[14]

죽음에서 살아남

하나님은 우리에게도 쫓아내야 할 귀신들과, 씻어 내야 할 더러

움이 있음을 아신다. 신경증적 불안은 나를 괴롭히는 귀신이다. 내 인생에서 가장 행복한 나날이 될 수 있었고 그래야 마땅했던 많은 시기에 곧 불행이 닥칠 것이라는 불안이 불쑥불쑥 찾아와 모든 것을 망쳐 놓곤 했다. 그러나 나는 내 인생에서 여러 번 그런 폐허에서 일으킴을 받았다. 달리 말하면, 몇 번이나 죽음에서, 적어도 정신의 죽음, 마음의 죽음에서 예수님의 치유력으로 소생한 것이다. 예수님은 우리를 불러 그분의 치유력으로 치유를 받게 하시고, 우리도 남들을 치유하라고 명하신다.[15]

눈물

우리가 무엇 때문에 눈물을 흘리게 될지 전혀 모른다. 대서양을 보거나 어떤 음악을 듣고 나서, 또는 낯선 얼굴을 보고서 눈물이 날 수도 있다. 누군가의 낡은 신발 한 켤레를 보고서 눈물이 쏟아질 수도 있다. 제2차 세계대전으로 세상에 큰 슬픔이 밀려오기 전에 만들어진 거의 모든 영화, 목초지를 달리는 말, 경기가 시작되어 체육관 경기장으로 뛰어나가는 고등학교 농구팀. 어느 것 때문에 눈물을 쏟게 될지는 모른다. 그러나 이것만은 확신할 수 있다. 언제든 눈물이 날 때는, 특히 뜻밖의 눈물이 솟아오를 때는 거기에 더없이 세심하게 주의를 기울이는 것이 좋다는 것이다.

167   그런 눈물은 당신이 누구인지 비밀을 말해 줄 뿐 아니라, 많

은 경우에 하나님은 그 눈물을 통해 당신이 어디에서 왔는지 말씀하시고, 당신 영혼이 구원을 받기위해 나아가야 할 곳으로 이끄시기 때문이다.[16]

죽어감

공항은 혼잡하고 시끄럽고 부산스럽다. 울어 대는 아기, 사람들을 찾는 안내방송, 늘 보는 야단법석. 바깥에는 눈과 진눈깨비가 섞여 내리고 활주로에는 결빙의 기미가 보인다. 항공기 지연과 결항을 알리는 안내방송, 최근에 있었던 사건들을 고려하여 방치된 수하물은 즉시 압수한다는 경고 방송이 반복된다. 밖으로 나가 담배를 피우는 사람이 평소보다 많다. 공기가 답답하게 느껴진다. 비행기에 탑승해서는 날개에 얼음의 흔적이 있는지 창밖을 내다보고, 통상적인 비상시 행동 요령을 안내하는 항공승무원들의 화장기 진한 얼굴에서 내 안에 있는 것과 같은, 죄어드는 불안함이 있는지 살핀다. 거대한 비행기가 느릿느릿 움직여 이륙 지점에 이르고 제트엔진에서는 날카로운 소리가 난다. 비행기 속도가 빨라지면 이륙할 때까지의 시간을 헤아린다. 시간이 너무 많이 걸리면 문제가 있는 것이라고 들었다. 공중에 떠오르면 휙휙 지나는 잿빛 난류를 통과하느라 날개가 거의 보이지 않는다. 비행기가 가파르게 상승할 때는 포드 트럭만큼이나 덜컹거린다. 서서히 비행기가 잠잠해지고, 구름이 약간 옅어진다. 여기저기 구름 사이로 드문드문 맑은 대기가 보인다. 비행기가 어느 정도 수평을 이룬다. 아무도 말하지 않는다. 잠잠함과 고요함이 손에 잡힐 듯하다. 갑자기 빛이 밀려들면서 날씨의 영역에서 벗어난다. 아래로 펼쳐진 구름은 고랑을 지어 놓은 방목장 같다. 그 위로는, 세상의 어느 하늘과도 비교할 수 없는 푸르름이 있다.

모든 이의 마지막 이륙이 이와 같을 것이다. 마지막 시간이 마침내 찾아오면 겁에 질려 분명 몸이 뻣뻣해지겠지만, 그때쯤이면 모든 것을 남겨 두고 떠나게 되어 기쁠지도 모른다. 몇 분만에, 중요해 보이던 모든 것이 더는 중요하지 않게 된다. 느린 상승만 존재할 뿐이다. 정적. 구름. 그러다 저 아래로부터 오르고 오르는 비행의 기적 끝에 갑자기 열린 하늘로 올라선다. 찬란한 태양.[17]

기억

기억하는 방법에는 두 가지가 있다. 한 가지는 살아 있는 현재를 떠나 죽은 과거로 여행을 떠나는 것이다. 노인이 사랑하는 매기와 함께하던 젊은 시절을 기억한다. 노인의 눈빛이 먼 곳을 향하는 것은 맥주 때문이기도 하고 정말 먼 곳을 보고 있기 때문이기도 하다.

다른 한 가지는 죽은 과거를 살아 있는 현재로 불러내는 것이다. 젊은 과부가 남편을 기억해 내고, 남편은 아내 옆 그 자리로 온다.

예수께서 "이것을 행하여 나를 기억하라"고전 11:24고 하신 것은 정기적으로 향수에 빠지라는 명령이 아니었다.[18]

기억하라

당신이 나를 기억한다는 것은 '나'라는 존재의 일부를 가져갔다는 뜻이다. 내가 '나'라는 존재의 어떤 흔적을 '당신'이라는 존재에게 남겼다는 뜻이다. 그것은 당신과 내가 수많은 세월을 사이에 두고 떨어져 있다 해도 당신이 나를 마음속으로 소환할 수 있다는 뜻이다. 그것은 우리가 다시 만난다면 당신이 나를 알거라는 뜻이다. 내가 죽은 후에도 당신이 마음속에서 여전히 내 얼굴을 보고 내 음성을 듣고 내게 말을 걸 수 있다는 뜻이다.

당신이 나를 기억하는 한, 나는 결코 완전히 사라지지 않는다. 내 자신이 더없이 유령처럼 느껴질 때, 당신이 나를 기억하는 것은 내가 실제로 존재한다는 사실을 떠올리게 한다. 슬플 때 그것이 내게 위안이 된다. 행복할 때 그것이 내가 행복한 이유 한 조각이 된다.

당신이 나를 잊으면, 내 자신이 누구인가를 기억하는 한 가지 방식이 사라질 것이다. 당신이 나를 잊으면, '나'라는 존재의 일부가 사라질 것이다.

"예수님, 주님이 주님의 나라에 들어가실 때에, 나를 기억해 주십시오."눅 23:42, 새번역 예수님 옆에서 십자가에 달린 선한 강도 가 말했다. 성경 전체에서 이보다 더 인간적인 말은 없을 테고, 이만큼 우리가 잘 드릴 수 있는 기도도 없을 것이다.[19]

장례식

아람어로 '달리다굼'은 "소녀야, 일어나라"는 뜻이다. 아람어는 예수께서 그분의 친구들과 서로 대화할 때 쓴 언어였을 것이기 에, 달리다굼은 아마 예수께서 실제로 쓰신 표현일 것이고, 그 렇다면 이 표현은 말 그대로 우리에게 전해진 몇 안 되는 예수 의 말씀 중 하나일 것이다. 예수께서는 한 아이의 장례식에서 이 말씀을 하셨는데, 그 아이는 야이로라는 사람의 열두 살 난 딸이었다.막 5:35-43

그 일은 야이로의 집에서 벌어졌다. 어린 아이가 죽을 때 예 상할 만한 큰 슬픔이 그 집에 가득했다. 슬픔은, 장례식이 과거 의 야만적 유물이고 우리는 죽음을 애도할 것이 아니라 생명을 축하해야 한다는 등의 주장을 내세우는 사람들에게 내놓을 수 있는 장례식의 중요한 용도 중 하나다. 우리는 당연히 생명을 축하해야 하지만, 그 생명의 죽음도 직시해야 한다. 눈물을 다 쏟아 슬퍼하라. 죽음 이후 설령 어떤 일이 일어난다 해도, 죽음 은 이미 일어났기 때문이다. 대체할 수 없는 귀중한 것이 끝이

났고, 그와 함께 당신 안에 있는 그 무엇도 끝났다. 장례식은 누군가의 인생이라는 문장의 끝에 마침표를 찍어 준다. 문을 닫아 준다. 남은 사람이 자기 인생을 계속 살아가게 해 준다.

아이는 죽었지만 예수께서 거기 도착하셔서 아이가 잠자는 것일 뿐이라고 말씀하셨다. 그분은 친구 나사로가 죽었을 때도 같은 말씀을 하셨다. 잠이 영구적이지 않은 것처럼 죽음도 영구적인 것이 아니라는 뜻으로 하신 말씀 같다. 예수께서 죽음을 가볍게 여기셨다는 말이 아니다. 예수께서는 나사로가 죽었다는 소식을 들으셨을 때 우셨는데, 여기서는 달리 행동하시는 것을 상상하기 어렵다. 그러나 죽음이 하나의 문을 닫는 것이라면, 그분은 죽음이 또 다른 문은 여는 것이라고 말씀하시는 것 같다. 달리다굼. 그분은 소녀의 손을 잡고 일어나라고 말씀하셨고 소녀는 일어났다. 마가는 아이의 부모가 거기 있었다고 말한다. 이웃들도, 친구들도. 이것은 중요한 장면이다.

노파여, 일어나라. 젊은이여. 곁에 없으면 내가 못 살 것 같은 그대여. 같이 살기 참으로 부담스러운 그대여. 소녀여. "일어나라"고 예수께서 말씀하신다.

장례식의 또 다른 용도는 '일어나라'를 떠올리게 하는 것이다. 마지막 찬송을 부르고 축복기도를 드리고 직계가족이 옆문으로 빠져나갈 때, 장례식은 우리 자신을 일어날 수 있게 해 줄 최고의 도구가 될 것이다.[20]

평화

평화는 전쟁이 없는 시기, 또는 큰 전쟁이 없는 시기를 의미하게 되었다. 우리는 이것저것 가릴 처지가 아니다. 대부분의 사람은 이런 상태만으로도 만족할 것이다. 그러나 히브리어에서 평화에 해당하는 단어 '샬롬'은 온전함을 뜻하고, 온전하고 행복하게 자기 자신이 되는 데 필요한 모든 것을 갖추었음을 뜻한다.

예수께서는 '평화의 왕'이라는 칭호로도 알려지셨다. 그분은 평화라는 단어를 완전히 모순되는 듯한 두 발언에서 사용하셨다. 먼저, 그분은 제자들에게 이렇게 말씀하셨다. "너희는 내가 세상에 평화를 주려고 온 줄로 생각하지 말아라. 평화가 아니라 칼을 주려고 왔다."^{마 10:34, 새번역} 그리고 나중에 제자들과 함께하는 마지막 식사 자리에서 말씀하셨다. "나는 평화를 너희에게 남겨 준다. 나는 내 평화를 너희에게 준다."^{요 14:27, 새번역}

예수께 평화는 싸움이 없는 상태가 아니라 사랑이 있는 상태를 의미했던 것 같다. 이것을 깨달을 때 이 둘의 모순은 풀린다.[21]

기억의 쓰임

나는 하나님이 우리에게 기억을 주신 주된 목적은, 시간을 거슬러 올라갈 수 있게 하려는 것이라고 믿고 싶다. 그래서 우리가 처음에 받은 역할을 제대로 감당하지 못했다 해도, 지금이라도 그 역할을 다시 시도해 볼 수 있게 하려는 것이라고 믿고 싶다. 우리는 지난 잘못이나 그에 따른 결과를 무효로 만들 수 없다. 우리가 입은 상처나 다른 이들에게 입힌 옛 상처를 지워 버릴 수 없는 것과 같다. 하지만 생각하고 느끼고 상상하는 방식으로 시간을 거슬러 이전으로 돌아갈 수 있는 힘, 기억이 주는 그 힘을 통해 우리는 오랜 시간이 지난 후 마침내 우리와 다른 사람들에게 상처를 주고 인간으로서의 성장을 가로막는 과거의 힘을 제거한다는 의미에서 과거와 결별할 수 있다.

오래 전에 일어난 슬픈 일들은 기쁘고 은혜로운 일들과 마찬가지로 우리 존재의 일부로 늘 남아 있겠지만, 가장 슬픈 일들이라도 앞으로 나가는 우리를 끊임없이 비틀거리게 만드는 죄책감, 비난, 후회의 짐이 되어 머물러 있을 필요가 없다. 우리가 과거의 슬픈 일들과 화해하면, 그 일들은 여전히 우리 앞에 놓인 여행을 위한 지혜와 힘의 원천이 될 수 있다. 다름 아닌 기억을 통해 우리는 오래 전에 틀렸다고 포기해버린 많은 부분을 되찾을 수 있다. 그러기 위해서는 하나님이 지난 세월 동안 우리에게 일어난 모든 일 가운데 새 생명과 치유의 가능성을 제시하고 계셨음을 발견해야 한다. 우리가 당시에는 그 가능성을 놓쳐 버렸다 해도, 그토록 많은 세월이 지난 지금, 여전히 그 가능성을 선택하고 그로 인해 살아나고 치유받을 수 있다.[22]

하나님이 말씀하시면

만일 하나님이 이 세상에서 말씀하고 계시다면 그분은 우리의 개인적인 삶 속에서 말씀하심을 믿는다. 예를 들어 보자. 우리가 사랑하는 누군가가 죽는다. 뜻밖의 친절에 마음의 온정을 느끼기도 하고, 예기치 않은 냉혹한 모습에 심장의 피가 멎기도 한다. 우리는 친구를 버리거나 친구에게 버림받는 가운데, 인생에서 가장 소중한 사람들을 소외시켜 버리는 자신의 처신에 간담이 서늘해진다. 하루 또 하루가 그렇듯 그냥 흘러가버린다. 잠을 자고, 꿈을 꾸고, 깨어나서 일을 한다. 생각났다가 잊어버리고, 들떠 있다가도 우울해진다. 그러나 삶의 절정에서건 내리막길에서건, 일상의 어떤 단조로운 순간에도, 하나님은 말씀하신다. 그렇다면 하나님이 말씀하신다는 것은 대체 어떤 의미를 간직하고 있는 것일까?

하나님은 우리가 귀로 듣는 소리뿐만 아니라, 우리에게 일어나는 복잡하고 다양한 모든 사건이 빚어내는 화음과 불협화음과 대위선율을 통해 말씀하신다. 이런 방법으로 그분이 말씀하시는 의미를 파악할 수가 있다. 자신이 세운 제3제국이 화염에 휩싸여 멸망할 때 지하 막사에서 자살한 아돌프 히틀러의 모습을 보면, 하나님이 말씀하시는 죄의 삯이 무엇인지 분명하게 깨닫게 된다. 혹은 신학자와 음악가로서의 명성을 뒤로 하고 아프리카에서 의료선교를 했던 알베르트 슈바이처가 현지에서 기독교의 위대한 인물 중 한 사람으로 더욱 널리 알려지는 것을 보면서 하나님의 분명한 의도를 볼 수 있다는 생각을 한다. 그러나 선량한 사람의 자살을 통해 하나님은 뭐라고 말씀하시는 걸까? 공작새가 자신의 부채꼬리를 자랑하듯, 한때 위대하던 영적 지도자가 자신의 겸손을 오히려 과시하는 종교적인 프리마돈나가 되어 버리는 경우에는? 죄를 은혜의 수단으로 생각하는 것은? 잘못 받아들이고, 오해한 까닭에 은혜가 오히려 죄를 짓는 기회가 되어버린다면? 하나님이 우리 인생의 사건들을 통해 말씀하신다는 의미를 제 아무리 통찰력 있고 신학적으로 정교한 말들을 동원해서 설명해 보려 한들, 그것은 지붕에 떨어지는 빗소리나 석양이 빚어내는 장관의 의미를 해석하려는 것만큼이나 불확실한 시도다. 그러나 그럼에도 불구하고 나는 그분이 말씀하심을 믿는다. 그분의 말씀을 인간의 언어로 포착할 수 없는 이유는 그것이 궁극적으로 언제나 성육신incarnate한 말씀이기 때문이다. 인생에서 맞이하는 위기의 순간들뿐 아니라 평범한 일상에도 그분의 말씀은 육화肉化되어 있다.[23]

그분에게 귀를 기울이라

우리에게 벌어지는 일이 우연인지 하나님이 하신 일인지 여부는 문제가 되지 않는다. 당연히 둘 다이기 때문이다. 하나님은 어떤 우연을 통해서도 말씀하실 수 있다. 이전에 천 번도 더 걸 **176**

었던, 집에서 차고로 가는 길에서도, 어느 곳에서든 말씀하시는 신이 존재한다는 것조차 믿을 수 없는 순간에도. 나는 하나님이 말씀하신다고 믿는다. 그분 말씀은 우리 자신과 우리의 지치고 아픈 발과 신성한 여행이라는 살과 피로 구현된다고 믿는다. 끊임없이 뒤를 돌아보고 과거에 귀를 기울이며 살 수는 없다. 갈망과 후회의 기둥이 되어 버려선 곤란하니까. 하지만 전혀 귀 기울이지 않고 사는 것은 삶이라는 음악의 온전함에 귀를 닫는 행위이다. 우리가 귀 기울이기를 피하는 이유는 때로는 무엇을 듣게 될까 봐, 때로는 인도를 걷는 우리 발의 공허한 울림 외에는 아무것도 듣지 못할까 봐 무서워서이다. 그러나 캘리밴은 "두려워하지 말아요be not affeard" 하고 말한다. 그런데 그 대사는 캘리밴의 전유물이 아니다. 또 다른 분이 이렇게 말씀하신다. "두려워 말라. 볼지어다. 내가 세상 끝날까지 너희와 항상 함께 있으리라." 그분은 우리의 여행에 함께하신다고 말씀하신다. 우리 각자의 여행이 시작된 이래 죽 우리와 함께하셨다고 말씀하신다. 그분에게 귀를 기울이라. 그분의 소리가 들리는지 자신의 현재와 과거의 달콤쌉쌀한 곡조에 귀를 기울이라.[24]

우리가 기억하는 방문

수천 년 전, 수천 킬로미터 떨어진 곳에서 이루어진 방문이었지만, 우리의 온갖 광기와 냉소와 무관심과 절망에도 불구하고 우리는 그 일을 결코 완전히 잊을 수 없었다. 마구간의 황소들. 건초 내음. 주위에 둘러선 목자들. 그 아이와 그 장소는 모든 근접 조우 중에서도 우리에게 가장 가까이 다가온 만남, 다른 방식으로는 전해질 수 없는 것에 우리를 가장 가까이 데려가는 만남이다. 믿음이 믿음의 동화적 언어로 들려주는 이 이야기는, 대부분의 경우 그 자체로도 받아들이기가 도대체 부담스러운 '하나님이 존재하신다'는 것일 뿐 아니라 '하나님이 **오신다**'는 것이다. 여기에 오신다. "참으로 낮아진 모습으로." 태어나는 것만큼 낮아지는 일도 없다. 발가벗고, 완전히 무력한 상태로, 한 덩이 빵 정도의 크기로 세상에 나온다. 그러나 그분은 정의와 성실을 허리띠로 삼으시고 우리에게 오셨다. 우리를 위해 오셨다. 이것이 진짜일까? 동화가 진짜인 방식으로가 아니라 모든 진실 중에서도 가장 참된 진실로서 진짜일까? 전능하신 하나님, 당신은 진짜이십니까?

사방이 짙은 어둠 속에 잠겨 있을 때, 하나님이 진짜시냐는 질문에 어떻게 그렇다고 답할 수 있을까? 그렇다고 믿음이 스스로 정직하게 말할 수 있는 방식은 한 가지 뿐일 것이다. 정말 그렇기를 간절히 빌며 그렇다고 말하는 것이다. 불안한 마음을 누르며 그렇다고 말하는 것이다. 아마도 그런 식으로 우리는 말할 수 있을 것이다. 그렇다고. 그분이 우리를 찾아 오셨다고.

그 이후로 세상은 결코 전과 같지 않았다. 이곳은 여전히 아주 어둡고, 어떤 면에서는 그 어느 때보다 어둡지만, 이 어둠은 **178**

다르다. 그분이 계속해서 세상에 태어나시기 때문이다. 홀로코스트의 위험. 땅과 바다와 공기가 오염될 위험. 우리 자신이 죽을 위험. 깨진 결혼생활. 고통당하는 아이. 잃어버린 기회. 그분을 아는 모든 사람은 다른 어느 곳보다 어둠 속에서 그분을 더 잘 알게 되었을 것이다. 그분은 어둠 속에서 가장 자주 방문하시는 것 같기 때문이다.[25]

우리 이야기의 진실

결국 이 이야기들은 어둠 속의 탐조등 불빛들처럼 서로 겹치고 뒤섞인다. 예수께서 들려주시는 이야기들은 예수라는 이야기의 일부이고, 예수라는 이야기는 그분이 들려주시는 이야기의 일부이다. 그리고 예수라는 이야기는 여러분과 나라는 이야기의 일부이다. 예수께서 세계 이야기의 엄청난 부분을 차지하므로 그분 없이 우리 이야기가 진행되는 것은 상상할 수도 없기 때문이다. 그분을 믿지 않거나 그분이 누군지 모르거나 아는 데 관심이 없는 사람들의 이야기도 마찬가지다. 내 이야기와 여러분의 이야기도 모두 서로의 일부이다. 우리가 함께 찬양하고 함께 기도하고 서로 얼굴을 봤다는 사실만으로도 서로의 이야기 밑에 실리는 각주 정도는 되기 때문이다.

다시 말해, 우리의 모든 이야기들은 결국 인간이 된다는 것, 179 함께한다는 것, 여기 있다는 것에 대한 하나의 방대한 이야기이다. 그 이야기는 자기 너머에 있는 무엇을 가리킬까? 그리고 그것은 무엇을 의미할까? 우리 모든 이가 함께 만들고 끊임없이 계속 뻗어가는 이 이야기의 진리는 무엇일까? 이 진리에 대해 묻는 것은 문 아래의 틈으로 윙윙대는 바람의 진리에 대해 묻는 것처럼 어리석은 일일까?

둘 중 하나다. 인생이 의미가 있고 거룩하든지, 아니면 아무 의미가 없든지. 우리의 인생이니 우리가 선택하면 된다. 물론, 너무 쉽게 선택하지는 말자. 오늘 이 방향으로 선택을 내렸으니 내일 다른 방향으로 선택을 내릴 일은 없을 거라고 생각하지는 말자.

한 가지 선택지는 이것이다. 예수의 이야기, 즉 사랑의 이야기에 우리 이야기의 진실이 담겨 있다고 믿는 것이다. 예수의 이야기는 우리가 누구인지, 우리를 사랑하시는 분이라고 예수께서 가르치신 하나님이 누구신지에 대한 진리다. 우리가 어디로 가고 있는지, 거기 어떻게 도착할지, 도착하면 마침내 무엇을 찾게 될지에 대한 진리이다. 단 한 번이라도 좋다. 이 이야기의 진리를 설명하려 들지 말자. 이 이야기의 풍성함과 깊이와 신비를 배반하지 말자.[26]

놓으라

이렇듯 안 어울리는 무리도 보기 드물 것이다. 고등교육을 받   **180**

은 사람이 있고 초등학교도 마치지 못한 사람이 있다. 생활보호자로 사는 사람이 있고 대성공을 거둔 사람도 있다. 이성애자도 있고 동성애자도 있다. 노인도 있고 이십 대도 있다. 알코올중독자 무리도 있고, 내가 있는 그룹처럼 본인에게는 알코올 문제가 없지만 알코올중독자 가정에서 자란 사람들도 있다. 그들의 한 가지 공통점은 쉽사리 말할 수 있다. 서로가 없다면, 그리고 소위 '더 능력 많은 존재'가 없다면 온전히 인간답게 살 수 없다고 믿는다는 점이다. 그들은 하나님이라는 단어를 쓰지 않는데, 무리 중에는 하나님을 믿지 않는 이들이 있기 때문이다. 그들 모두가 확실히 믿는 것, 또는 찾고 있는 것은 자신들을 건강하게 해 줄, 자기보다 더 능력 많은 존재다. 그들 중 어떤 이들은 그 모임 자체의 힘이 바로 그 능력이라고 말할 것이다.

그들은 나의 옛 신학교 교수였던 라인홀트 니부어가 쓴 기도문으로 모임을 시작하곤 한다. "하나님, 제가 바꿀 수 없는 일을 받아들일 평온함을 주시고, 바꿀 수 있는 일은 바꿀 용기를 주시며, 그 둘의 차이를 분별할 수 있는 지혜를 주옵소서." 그리고 주기도문으로 모임을 마친다. "당신의 뜻이 이루어지게 하소서.⋯ 오늘 우리에게 일용할 양식을 주소서.⋯ 우리가 용서하여 준 것같이 우리 죄를 용서하여 주소서.⋯ 우리를 구하소서." 브렌든은 이렇게 말했다. "우리가 떨어질 때 서로 손을 빌려 주는 것. 어쩌면 중요한 일은 결국 그것뿐인 것 같다." 그들은 살아가면서 일종의 영적 규칙을 따르려고 노력하는데, 그 규

칙은 기본적으로 자신의 깊은 비밀을 알아내는 것과 그들이 상처를 주고받은 사람들과 화해하는 것으로 이루어진다. 기도와 명상을 통해, 서로 상대방과 유용한 책에게 도움을 받음으로써, 그들은 하나님 또는 그들이 뭐라고 부르건 간에 하나님 대신 의지하는 그 무엇에 어떤 식으로든 가까이 가고자 한다. 때로는 심각한 실수를 저지른다. 기적적인 진보를 하기도 한다. 많이 웃는다. 가끔은 울기도 한다. 모임이 끝나면, 그들 중 어떤 이들은 서로 포옹한다. 때로는 한 사람이 다른 사람에 대한 특별한 책임을 받아들여 도움이 필요한 일이 생기면 언제든지 달려가겠다고 한다.

　그들에게 슬로건도 있다. 누군가는 그것이 절망적일 만큼 단순하다거나 폭풍 치는 바다에서 나뭇조각을 붙드는 꼴이라고 무시할 수도 있다. 그중 하나가 "놓고 하나님에게 맡기라"인데, 말하기는 쉽지만 나 같은 사람들이 따르기는 결코 쉽지 않다. 자신을 환자구속복처럼 감싼 어둠을 놓아 보내고 빛을 받아들이라. 주위 사람들의 삶, 즉 자녀들의 삶, 남편이나 아내나 친구의 삶을 보호하고 구해 내고 심판하고 관리하려는 시도를 중단하라. 어차피 그럴 힘도 없지 않은가. 다른 사람들의 삶을 당신이 어떻게 할 수 없음을 기억하라. 그것은 그들이 감당해야 할 몫이다. 하나님이 책임지실 일이기도 하다. 하나님에게 맡기라. 이것은 놀라운 생각이며, 삶을 변화시키는 생각이 될 수 있다.[27]

생명을 주는 능력

대개 우리는 삶을 중립적인 것으로 생각하는 경향이 있다. 우리는 어느 좋은 날 삶 속에 태어났고, 삶을 받았으며, 삶 그 자체는 좋지도 나쁘지도 않고 우리가 살아가는 방식에 따라 삶은 좋아지거나 나빠질 뿐이라고 생각한다. 우리 스스로 충만한 삶이나 공허한 삶을 만들어 갈 수 있지만, 우리가 삶을 어떻게 영위하든 삶 자체는 그것이 무엇이건 간에 우리를 전혀 개의치 않으며 이것은 바다에서 수영을 하든 빠져 죽든 바다가 우리에게 관심이 없다는 것과 같다고 보는 생각이다. 이런 견해는 흔히 볼 수 있다. 솔직히 말해, 이런 견해를 지지하는 증거가 엄청나게 많다는 점을 인정해야 한다. 그러나 옳든 그르든, 기독교 신앙은 이런 견해를 정면으로 반박한다. 하나님은 영이시라는 말은, 삶이 우리에게 관심이 있고, 삶 자체의 출처인 생명을 주는 능력이 우리가 빠져 죽든 수영을 하든 무관심하지 않다는 의미다. 그것은 우리가 수영을 하기 원한다. 생명을 주는 이 능력을 하나님의 영, 실재, 생명력, 또는 다른 어떤 이름으로 부르건, 그 가장 기본적 특성은 우리가 잘되기를 바라고 그 목적을 위해 일한다는 점이다.

분명히 이 세상에서는 사람들에게 끔찍한 일들이 벌어진다. 착한 사람이 젊은 나이에 죽고, 악한 자가 잘 되고, 어떤 도시, 어느 곳에서나 피를 얼어붙게 만들기에 충분한 슬픔이 있다. 그러나 생명이 솟아나는 숨겨진 샘 그 깊은 곳에서 치유의 힘, 새 생명을 불어넣는 힘이 우리 삶으로 흘러든다. 우리 삶이 가장 어두울 때도. 어쩌면 특별히 바로 그때 흘러드는 것인지도 모른다. 이런 면에서 나는 모든 사람이 신비가라고 생각한다. 모든 사람은 가장 기쁠 때나 가장 고통스러울 때 인생의 심연에서 흘러나와 자신을 축복하는 힘을 경험하기 때문이다. 이 능력에 어떤 이름을 붙이느냐는 그리 중요하지 않다고 생각한다. 하나님의 영은 그 이름 중 하나일 뿐이다. 내가 생각할 때 정말 중요한 것은 우리 자신을 열고 그것을 받아들이는 일이다. 우리가 그것을 부르고 그것의 부름을 받는 일이다. 그것이 우리를 이끄는 방향으로, 우리가 그것 자체 및 서로와 더 온전히 교제하는 방향으로 움직이는 일이다. 참으로, 나는 우리의 영 아래에 있는 이 거룩한 영이 우리가 끝장나기 전에 우리를 위해 우리를 그리스도처럼 만들 것이고, 그렇지 않다면 우리를 위해 우리를 파괴할 것이라고 믿는다.[28]

최후의 비밀

내가 볼 때 최후의 비밀은 이것이다. "주 너의 하나님을 사랑하라"는 말씀이 결국에는 명령이라기보다 약속이 된다는 것이다. 믿음의 지친 다리와 소망의 가냘픈 날개로 우리가 마침내 그분을 사랑하게 될 것이라는 약속이다. 그분이 먼저 우리를 사랑하 **184**

신 것처럼 말이다. 그분은 광야에서조차도 우리를 사랑하셨다. 광야에서 우리와 함께 계셨기에, 특히 광야에서 우리를 사랑하실 수 있었다. 그분은 우리를 위해 광야에 계셨다. 그분은 우리의 슬픔을 잘 아신다. 그리고 우리는 그분을 사랑함으로 마침내 서로를 사랑하게 될 것이다. 그리하여 모든 문에 붙은 이름이 우리가 사랑하는 이의 이름이 될 것이다.

"오늘 내가 네게 명하는 이 말씀을 너는 마음에 새기고 네 자녀에게 부지런히 가르치며 집에 앉았을 때에든지 길을 갈 때에든지 누워 있을 때에든지 일어날 때에든지 이 말씀을 강론할 것이며."

그리스도께서 우리 앞서 일어나 광야에서 나오신 것처럼, 우리도 모두 일어나 광야에서 나오게 될 것이다. 그것은 약속이다. 가장 위대한 약속이다.[29]

주 註

1. From *The Sacred Journey*, 37-58.
2. From *A Room Called Remember*, 1-12.
3. From *The Eyes of the Heart*, 1-7.
4. From *The Eyes of the Heart*, 8.
5. From *The Eyes of the Heart*, 11-24.
6. From *The Eyes of the Heart*, 60-62.
7. From *The Eyes of the Heart*, 76-81.
8. From *The Eyes of the Heart*, 146-50.
9. From *The Eyes of the Heart*, 153-62.
10. From *The Eyes of the Heart*, 165-68.
11. From *The Eyes of the Heart*, 170-83.
12. From *Telling Secrets*, 7-10.
13. From *Beyond Words*, 80-81.
14. From *Beyond Words*, 379-80.
15. From *Secrets in the Dark*, 151.
16. From *Beyond Words*, 383.
17. From *Beyond Words*, 87-88.
18. From *Beyond Words*, 252.
19. From *Beyond Words*, 342.
20. From *Beyond Words*, 122-23.
21. From *Beyond Words*, 307.
22. From *Telling Secrets*, 32-33.
23. From *The Sacred Journey*, 1-2, 3-4.
24. From *The Sacred Journey*, 77-78.
25. From *The Clown in the Belfry*, 124-25.
26. From *Secrets in the Dark*, 137.
27. From *Telling Secrets*, 90-92.
28. From *The Magnificent Defeat*, 114-15.
29. From *A Room Called Remember*, 45.

출전出典

Beyond Words: Daily Readings in the ABC's of Faith. San Francisco: HarperCollins 2004.

The Clown in the Belfry: Writings on Faith and Fiction. San Francisco: HarperCollins 1992.

The Eyes of the Heart: A Memoir of the Lost and Found. San Francisco: HarperCollins 2000.

The Magnificent Defeat. New York: Harper & Row 1985.

A Room Called Remember: Uncollected Pieces. San Francisco: HarperCollins 1992.

The Sacred Journey: A Memoir of Early Days. San Francisco: HarperCollins 1982.

Secrets in the Dark: A Life in Sermons. San Francisco: HarperCollins 2007.

Telling Secrets: A Memoir. San Francisco: HarperCollins 1991.

비크너를 읽으면 안 되는 사람

- 신앙이 없어도 늘 자신감과 목적의식, 기쁨이 가득한 사람
- 신앙이 있어서 늘 기쁘고 하는 일마다 잘되고 에너지가 넘치고 늘 충만하게 사는 사람
- 부모에게 받은 상처나 아픈 기억이 없는 사람
- 사랑하는 사람, 형제, 친구, 부모를 먼저 보낸 적이 없는 사람
- 그때 이렇게 했어야 하는데, 그랬다면 달랐을지도 모르는데, 이런 후회가 없는 사람
- 삶이 편안하고 삶의 짐도 느껴지지 않아 사는 것이 깃털처럼 가벼운 사람

이런 사람은 비크너를 읽어서는 안 된다. 비크너가 하는 말이 공감도 안 되고 그의 글이 아무 울림도 주지 못할 테니. 그런 사

람은 좀 기다려야 하리라. 언제까지 기다려야 할까? 공허함과 고통, 슬픔과 무기력. 상처와 아픔. 사랑하는 이와의 작별. 과거에 대한 후회. 삶의 고단함과 무게가 느껴질 때까지. 걱정 마시라. 그리 오래 걸리지는 않을 테니.

두 가지 종류의 책

단순화의 위험을 무릅쓰고 말하자면, 기독교 작가가 쓴 책은 두 종류로 나눌 수 있을 것 같다. 다져 주는 책과 넓혀 주는 책이다. 다져 주는 책은 확신을 깊게 해 주고, 아는 것을 더욱 분명히 이해하고 되새기게 해 주는 책이다. 안전한 책. 단단하고 견고하게 해 주는 책이다. 이런 책들이야말로 신앙의 외부자들에게 신앙을 제대로 소개하는 책이라고 생각하는 이들도 있다.

그에 반해 넓혀 주는 책이 있다. 이런 책은 현실을 낯설게 만든다. 당연하게 생각하던 것들이 그렇지 않을 수 있음을 알려 주고 불편함을 안겨 주기도 한다. 믿는 자는 심지어 그런 책을 통해 자신이 믿는 바를 처음 보듯, 이전에 본 적도 들은 적도 없는 것처럼 새롭게 보고 듣기도 한다. 비크너가 바로 이런 책을 썼다. 그리고 아무나 할 수 없는 이런 작업이야말로 외부자들을 초대하는 효과적 초대장이 될 수 있다고 생각했다. 그의 글을 통해 믿지 않던 자는 자신이 믿지 않는다고 생각했던 대상이 생각보다 훨씬 가까이 쑥 들어와 있음을 발견하게 된다. 자신의 모든 경험이 생각보다 자기만의 것, 이 세계의 것만은 아닐 수 있음을 깨닫게 된다.

　정통교리를 정확한 신학적 용어로 풀어 주는 책을 원하는 사람이라면 비크너를 읽어서는 안 된다. 그것은 다른 작가나 신학자에게서 기대해야 할 작업이다. 비크너는 가능하면 많은 이들을 초대하고 그들과 대화를 나누고 싶어 한다. 그렇게 하기 위해 문턱을 낮추는 노력을 쉬지 않는다. 자신만의 경험이면서도 많은 이들이 공통적으로 아는 사랑과 아픔, 고통과 기억, 죽음의 경험과 문학작품들을 동원한다. 뭘 그런 것까지 말하나 싶은 깊은 이야기까지 꺼내며 손을 내민다. 그 과정에서 어머니가 알면 절대로 가만 두지 않았을 어머니의 비밀도 나오고, 정통신학의 입장에서 볼 때 고개가 갸우뚱해지는 대목도 등장한다. 문학적 장치, 가족 내의 비밀, 신학적 자유주의. 나는 이 모두를 가능하면 많은 이들을 끌어들이고 대화에 참여시키고 싶은 선의로 이해한다.

　그런 선의의 줄타기가 물타기가 되는 경우도 있는 것 같다. 그런데 그런 대목은 너무 쉽게 알 수 있어서 오히려 큰 위협이 되지 않는 것 같다. 하지만 뛰어난 줄꾼 비크너는 줄타기를 대체로 성공적으로 감당해 낸다. 아쉽게도 그 와중에 발생하는 실패, 잘못, 오류가 분명히 있지만, 그것이 그의 고민과 노력의 효용과 가치까지 무효화할 정도는 아니라고 본다. 오히려 그의 줄타기에 격려를 보내되 그가 어느 한쪽으로 미끄러진 부분을 반면교사로 삼는 것이 바른 접근방식이리라.

비크너를 읽어야 할 때

앞에서 했던 말을 뒤집어서 말해 보자. 언제 비크너를 읽어야 할까?

- 현실이 더는 신비하지 않을 때
- 세상에 내가 붙들 수 있는, 나를 붙들어 줄 어떤 다른 존재가 있을지도 모른다는 막연한 느낌이 들 때
- 과거의 기억과 상처가 발목을 잡을 때
- 고통 속에서 모든 것이 부질없게 느껴질 때
- 하나님이 여기에도 계실까, 절망과 회의가 밀려올 때

그렇다. 바로 비크너를 읽어야 할 시간이다.

기이하고도 거룩한 은혜: 고통과 기억의 위로

프레드릭 비크너 지음 | 홍종락 · 이문원 옮김

2019년 8월 16일 초판 1쇄 발행

펴낸이 김도완   **펴낸곳** 비아토르
등록 제406-2017-000014호   **주소** 경기도 파주시 문발로 197 102호
전화 031-955-3183   **팩스** 031-955-3187
이메일 viator@homoviator.co.kr

편집 이여진   **디자인** 이파얼
제작 제이오   **인쇄** (주)재원프린팅   **제본** (주)정문바인텍

ISBN 979-11-88255-41-2 03230   **저작권** ⓒ 프레드릭 비크너, 2019

이 도서의 국립중앙도서관 출판예정도서목록(CIP)은 서지정보유통지원시스템 홈페이지(http://seoji.nl.go.kr)와
공동목록시스템(http://www.nl.go.kr/kolisnet)에서 이용하실 수 있습니다.(CIP제어번호: CIP2019029314)